Johannes Schleicher • Tanja Hoeg (Hg.)

Niklaus von Flüe

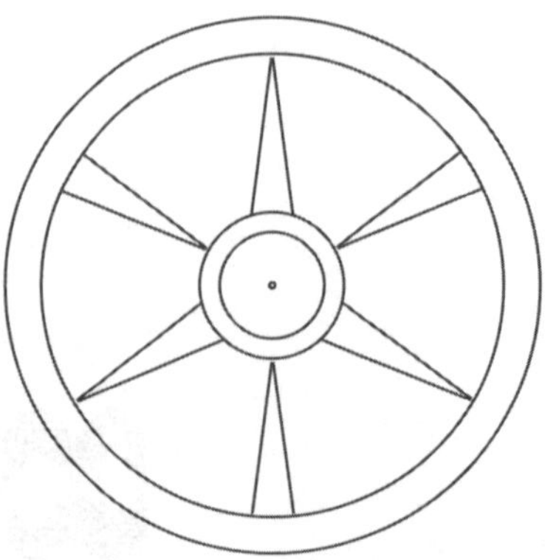

Johannes Schleicher • Tanja Hoeg (Hg.)

Niklaus von Flüe

Engel des Friedens auf Erden

Vier-Türme-Verlag

Bibliographische Information der Deutschen Nationalbibliothek
Die Deutsche Nationalbibliothek verzeichnet diese Publikation in der Deutschen Nationalbibliographie. Detaillierte bibliographische Daten sind im Internet über http://dnb.d-nb.de abrufbar.

Alle Fotos im Innenteil
– soweit nicht anders vermerkt –
von Tanja Hoeg, www.tanjahoeg.de

1. Auflage 2016

Lektorat: Marlene Fritsch
Gestaltung: Dr. Matthias E. Gahr
Umschlagmotiv: Johannes Schleicher (Kapelle Riffelberg »Bruder Klaus«, Zermatt)
Druck und Bindung: Pustet, Regensburg
ISBN 978-3-7365-0041-9

www.vier-tuerme-verlag.de

INHALT

Grußwort 9
Franz Enderli

Niklaus von Flüe – unser Bruder Klaus
Vorwort der Herausgebenden 10
Johannes Schleicher, Tanja Hoeg

Eremit, Friedensbringer, Visionär – wer war Bruder Klaus? 13

Maria Sassin
Wegweiser 14

Wunibald Müller
Eine Annäherung 15

Andreas Ebert
Niklaus von Flüe, Thomas Merton und andere Eremiten 20

Peter Eicher
Das Gesicht der Moderne –
Zur Verwunderung von Niklaus von Flüe 30

Maria Sassin
Einer ruft dich fort von mir 42

Franz-Xaver Jans-Scheidegger
Zwiegespräche im Geist von Bruder Klaus und
Dorothea im Wachen und Träumen 43

Bruder Klaus – Mystiker und »wilder Mann« **69**

Pierre Stutz
Der wilde Mann im Ranft 70

Peter Hüseyin Cunz
Gedanken über Bruder Klaus im Licht des Sufismus . . 77

Marion Küstenmacher
Am Gottesschrecken wachsen 90

Maria Sassin
Eins-Sein 97

Sebastian Painadath
Der Fluss, meine Meisterin 98

»Mein Herr und mein Gott« – Beten mit Bruder Klaus . **109**

Maria Sassin
Nur durch Schauen 110

David Steindl-Rast
Kann ich heute noch so beten wie Bruder Klaus? 111

Lukas Niederberger
Die Mühe mit der Hingabe 124

Dorothee van de Poll
Bruder Klaus 130

Anton Rotzetter
Friede ist allweg in Gott –
Visionen zum Frieden von Bruder Klaus 132

Bruder Klaus begegnen – heute, im Hier und Jetzt . . 141

Maria Sassin
Schmerzlicher Ruf 142

Werner Hafner
Mythen – oder: Konrad Adenauer in Sachseln 143

Maria Ackermann
Unterwegs mit Bruder Klaus und Dorothea –
Fragmente von Ver-Wandlungen 151

Andreas Bernsen
FlüeLicht 158

Ulrich Schaffer
Ein Brief an Bruder Klaus 161

Angela Römer-Gerner
Auf den Punkt bringen 168

Maria Sassin
Entschieden Ostern feiern 176

Johannes Schleicher
Heiliger des Dialogs – auch wenn er schwerfällt 177

Autorenverzeichnis 183

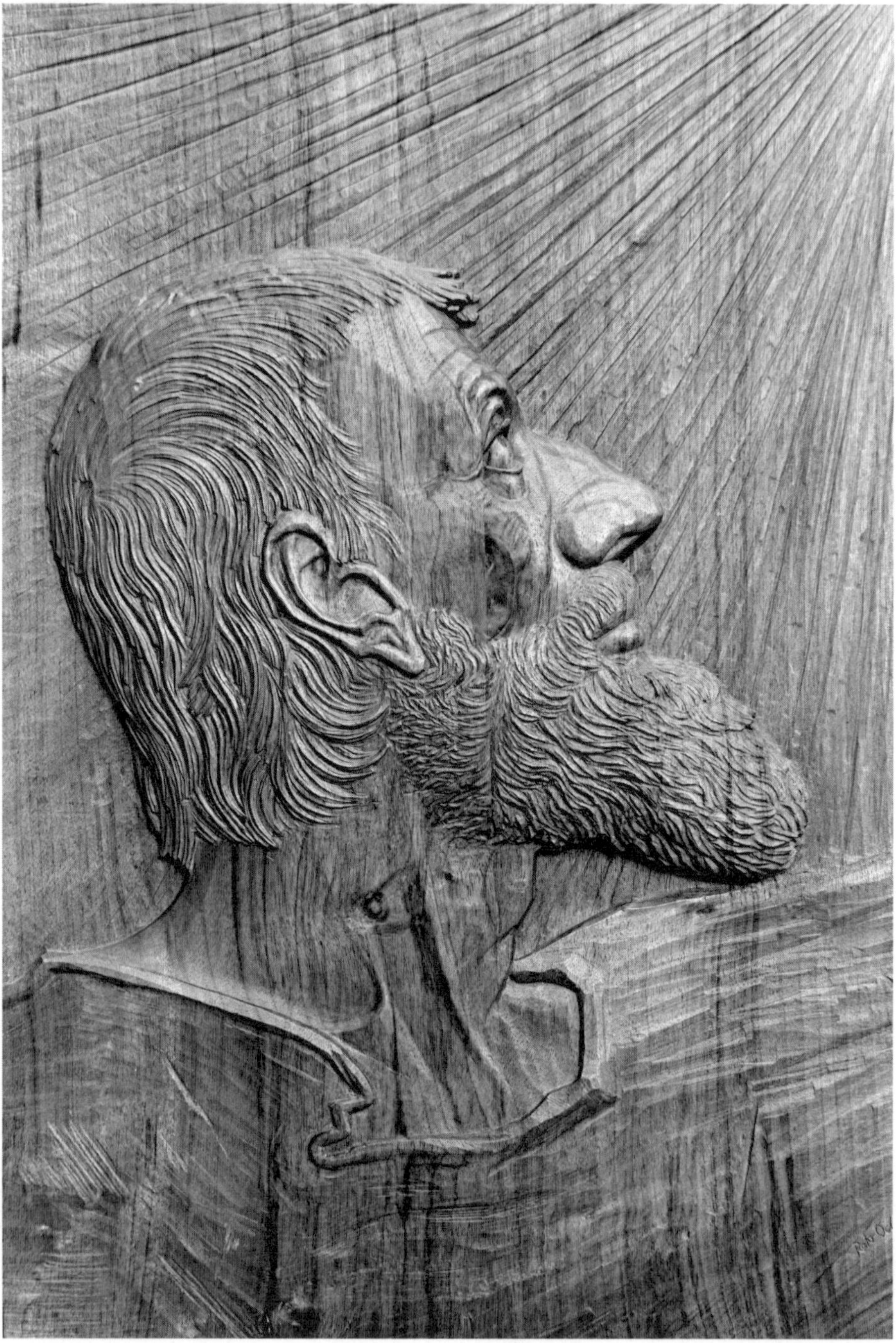

Relief »Bruder Klaus der Visionär« © Reto Odermatt, Flüeli-Ranft, www.retoodermatt.ch

Grußwort

Im Jahr 2017 feiern wir den 600. Geburtstag von Niklaus von Flüe. In diesem Jubiläumsjahr gedenken Obwalden und die Schweiz dieser bedeutenden und wirkmächtigen Persönlichkeit bei mehreren Anlässen. Viele Menschen erhalten so die Möglichkeit, sich neu mit Bruder Klaus zu beschäftigen, sich auf ihn einzulassen.

Es freut mich, dass sich im Umfeld dieses Jubiläumsjahres viele Aktivitäten und Initiativen entfalten, die sich mit Bruder Klaus auseinandersetzen und ihn für unsere Zeit erfahrbar machen. Zu diesen wichtigen Beiträgen gehört zweifellos auch das vorliegende Buch.

Eine Vielfalt qualifizierter Autorinnen und Autoren hat über ihr persönliches Verhältnis zu Bruder Klaus geschrieben, teils mit wissenschaftlichem, teils mit interreligiösem Hintergrund, teils in Briefform, teils in lyrischer Form.

Ich wünsche dem Band eine weite Verbreitung und danke den Herausgebenden für ihre Arbeit im Sinn des »Engels des Friedens auf Erden«, wie der Emmentaler Pfarrer und Schriftsteller Jeremias Gotthelf Niklaus von Flüe vor fast zwei Jahrhunderten bezeichnete.

Franz Enderli, Regierungsrat, Vorsteher des Bildungs- und Kulturdepartements des Kantons Obwalden

Niklaus von Flüe – unser Bruder Klaus

Vorwort der Herausgebenden

Persönlich kennt ihn niemand mehr, feiert er doch im Jahr 2017 seinen 600. Geburtstag. Aber jeder, der schon einmal in Flüeli-Ranft war oder in diesem beschaulichen Ort wohnt, hat in irgendeiner Art und Weise eine persönliche Beziehung zu ihm und natürlich auch zu seiner Frau Dorothea. Auf jeden Fall verdanken zahllose Pilgerinnen und Pilger Niklaus von Flüe ein prägendes Erlebnis im Ranft, in »seiner« Einsiedelei, dem Kraftort am Fluss Melchaa.

Wer aber war Niklaus von Flüe?

Historisch betrachtet ist diese Frage dank der Forschungen von Roland Gröbli und Pirmin Maier bestens beantwortet (vgl. Roland Gröbli, Die Sehnsucht nach dem »einig Wesen«, Luzern 2006; Pirmin Maier, Ich, Bruder Klaus von Flüe, Zürich 2014), und daher möchten wir geringfügig umformulieren und fragen: Wer ist Niklaus von Flüe für mich und für uns heute im 21. Jahrhundert?

Diese Frage haben wir zahlreichen Referierenden des ehemaligen VIA CORDIS-Hauses St. Dorothea, dem spirituellen Bildungshaus in Flüeli-Ranft, gestellt. Wie Sie, liebe Leserin, lieber Leser, sehen werden, sind die Antworten darauf sehr vielfältig, gleichermaßen wie die Autoren. Allen gemeinsam ist, dass Bruder Klaus für sie ein Dialogbereiter, ein Visionsverwirklicher, ein Begegnung schaffender Mensch war, der eine große Offenheit für »das Andere« und »die anderen« besaß.

Niklaus von Flüe hinterließ ein Erbe, das die Schweiz und Teile Süddeutschlands heute noch prägt, wie sich beispielsweise an seiner Rolle beim Stanser Verkommnis von 1481 ablesen lässt. Daher hier ganz kurz sein Lebenslauf in Ausschnitten:

1417 Niklaus wird als Sohn des Bauern Heinrich von Flüe und der Hemma Ruobert im Flüeli bei Sachseln geboren und in Kerns getauft.

1446 Niklaus heiratet die 15 Jahre jüngere Dorothea Wyss. Aus der Ehe gehen fünf Söhne und fünf Töchter hervor.

1467 Niklaus verlässt, nachdem er 1465 alle politischen Ämter niedergelegt hatte, am Gallustag (16. Oktober) Familie und Hof und zieht als Büßer in die Fremde: zuerst bis Liestal – der Ort lag damals kurz vor der Grenze zu Frankreich –, dann zurück auf die Alp Chlisterli im Melchtal. Schließlich lässt er sich im Ranft als Einsiedler nieder, wo ihm Landsleute beim Aufbau der Zelle und der Kapelle behilflich sind. An diesem Ort verbrachte er schon als Jugendlicher viel Zeit auf der Suche nach seinem »einig Wesen«.

1487 Am 21. März (Fest des Ordensgründers Benedikt von Nursia) stirbt Bruder Klaus nach hartem Todeskampf in Anwesenheit seiner Familie auf dem Boden seiner Zelle. Er wird in der Kirche zu Sachseln beigesetzt. In Augsburg erscheint das erste gedruckte und illustrierte Buch über Bruder Klaus (Pilgertraktat).

1570 Carlo Borromeo, Bischof von Mailand, besucht auf seiner Visitationsreise durch die katholischen Kantone der Schweiz das Grab von Bruder Klaus und empfiehlt dem Volk die Verehrung dieses Gottesfreundes und Friedenstifters.

1649 Die kirchliche Verehrung von Bruder Klaus wird für den Bereich der Diözese Konstanz gestattet.

1679 Das Grab von Bruder Klaus wird in die neue, vergrößerte Pfarrkirche verlegt.

1947 Am 15. Mai 1947 (Christi Himmelfahrt) wird Bruder Klaus von Papst Pius XII. heiliggesprochen – leider nicht auch seine Frau Dorothea.

Seine spirituelle Dimension zeigt sich bis heute im »Radbild«, seiner Bibel, wie er es immer wieder nannte. Das Wesentliche seines Glaubens lässt sich in den Satz fassen: Ganz bei sich sein und dem anderen in Offenheit begegnen. So gesehen war Niklaus ein Heiliger des offenen und ehrlichen Dialogs, den er auch innerhalb seiner Familie pflegte – vor und nach seinem Weggang.

Bruder Klaus und sein Lebensort, der Ranft, sind also eine spirituelle Provokation, die keinen mehr loslässt, der jemals mit offenem Herzen dort war und sich auf sein Leben eingelassen hat. Deshalb laden Bruder Klaus und der Ranft zum Wiederkommen, zum Meditieren, einfach zum Da-Sein, zum Suchen und Finden des je individuellen »einig Wesens« ein.

Die vielfältigen Artikel dieses Buches wollen hierbei in ihrer Verschiedenheit unaufdringliche Helfer sein. Deshalb gilt der erste Dank den Autorinnen und Autoren, dann in gleicher Weise der Lektorin Marlene Fritsch sowie Dr. Matthias E. Gahr und Bruder Linus Eibicht vom Vier-Türme-Verlag in Münsterschwarzach, ohne die eine Veröffentlichung in dieser Art nicht möglich gewesen wäre.

Und last but not least sei auch Ihnen, unseren Lesern, gedankt. Wenn Sie ganz persönlich wieder neu einen vertieften Zugang zu Bruder Klaus gefunden haben oder finden werden, dann hat sich unser aller Arbeit mehr als gelohnt.

Basel, Keitum/Sylt im Herbst 2016
Johannes Schleicher
Tanja Hoeg

Eremit, Friedensbringer, Visionär – wer war Bruder Klaus?

Kapelle Riffelberg »Bruder Klaus« bei Zermatt im Matterhornpanorama

Wegweiser

Maria Sassin

Lange bin ich gewandert
weiß nicht wohin
weiß nicht woher
weiß kaum warum
suchend bin ich
gottsuchend
michsuchend
gerufen zur Einheit
mit ihm und allem
Doch wo nur
wo ist mein Platz
an dem ich ganz ich bin in Gott
und er in mir
für die Welt
Erschöpfung und Ratlosigkeit
nehmen mir Kraft und Freude
verzagen will ich
kann nicht mehr weiter
doch aus Osten und Westen
aus Norden und Süden
leuchten mir vier Lichter
die die Nacht meines Glaubens erhellen
und mir weisen
wohin ich gehöre

Eine Annäherung

Wunibald Müller

Der Unbekannte

Ich habe mir vorgenommen, dass ich mich, wenn ich jetzt etwas zu Niklaus von Flüe schreibe, zuvor nicht in einem Buch über ihn kundig mache, sondern mich zunächst einfach auf das beschränke, was ich über ihn weiß, was ich über ihn gehört habe oder mir gerade einfällt, wenn ich mich etwas näher mit ihm befasse.

Niklaus von Flüe hat, so meine ich mich zu erinnern, seine Frau und seine Kinder verlassen, um alleine in einer Schlucht (Ranft) zu leben, nicht allzu weit von seinem Wohnort entfernt. Das kommt bei vielen zunächst nicht so gut an. Der lässt einfach seine Familie im Stich. Der macht es sich recht einfach. Ich finde solche Reaktionen verständlich. Ich weiß nicht, was Niklaus bewogen hat, diesen Schritt zu tun. Ich vermute nur, dass er es sich gut überlegt hat und tief in sich den Ruf gespürt hat, genau das zu tun.

Reicht das aber aus, eingegangene Verpflichtungen – das Ja zu seiner Frau und zu seinen Kindern – hinter sich zu lassen, um dem Ruf seiner Seele zu folgen? Man kann hier natürlich fragen: Was wäre gewesen, wäre er zu Hause geblieben? Allerdings auch: Wie sieht es bei den vielen Männern und Frauen aus, die zu Hause geblieben sind, obwohl sie innerlich längst ausgewandert sind, woanders leben, etwas anderes leben? Für sie gilt der Spruch von Ödon von Horváth: »Eigentlich bin ich ganz anders, aber ich komme selten dazu.«

Wie es wohl seiner Frau Dorothea ergangen ist? Hat sie ihn verstanden? Gar unterstützt? War es für sie wichtig, dass er seiner Berufung, wenn es denn so war, folgte? Ich hoffe nur, sie hat sich nicht einfach geopfert. Aufgeopfert für ihn. Doch wenn es so wäre – wer bin ich, dass ich das zu bewerten hätte? Wenn es für sie einen Sinn ergab, ja, es sie erfüllte? Aber vielleicht, so frech das klingen mag, war sie ja auch froh, ihn loszuwerden, vielleicht konnte sie gar nicht (mehr) viel mit ihm anfangen. Vielleicht spürte sie, dass er unglücklich war, solange er nicht seinem Ruf folgte, dass sie dem nichts entgegensetzen konnte, jedenfalls nichts, was in ihrer Macht lag.

Es gibt so etwas wie eine existenzielle Schuld, wenn wir nicht leben, was wir eigentlich leben sollten oder leben könnten. Das klingt zunächst ganz gut und einleuchtend. Doch wenn es darauf ankommt, kann das sehr schwierig und heikel sein oder werden. Und das war vielleicht bei Niklaus von der Flüe auch der Fall. Kann ich auf Kosten anderer das Meine leben? Das ist sicher leichter, wenn zum Beispiel in einer Beziehung mein Partner ein rücksichtsloser Mensch ist, der mir mein Leben zur Hölle macht. Dann kann es nur gut sein, diesen Menschen zu verlassen, mir mein Leben von ihm nicht länger einschränken und zur Qual werden zu lassen. Aber wie ist das, wenn jemand anderer in unserem Leben auftaucht, den wir meinen, mehr zu lieben als den Menschen, zu dem wir unser Ja gesagt haben? Da ist es schon viel schwieriger, sich so zu verhalten, dass die Rücksicht auf das, was mir wichtig ist, die Rücksicht auf den anderen, außer acht zu lassen. Das kann verdammt schwer sein, hier das Richtige zu tun. Oft wird man in solchen Situationen auch nicht das Richtige tun oder tun können. Das geht manchmal so weit, dass man sich, um der existenziellen Schuld zu entgehen, am anderen schuldig macht.

Es kann aber auch Situationen in unserem Leben geben, in denen wir nichts anderes tun können als das, was wir im Tiefsten als das erkennen, was wir tun müssen, um dem gerecht zu werden, was man als Bestimmung bezeichnet. Ich will das nicht hochstilisieren in dem Sinn, dass ich etwas heiligspreche, was in seinen Auswirkungen sehr hart und schmerzvoll sein kann. Auf der anderen Seite ist es natürlich auch etwas, vor dem man manchmal nur demütig kapitulieren kann, auch weil es ein Geheimnis bleibt, das undurchschaubar ist. Ob das auf Niklaus von Flüe zutrifft?

Der Vertraute

Inzwischen habe ich jemanden getroffen, der sich mit Niklaus von Flüe befasst und mir etwas von ihm erzählt hat. Ich kann mir immer noch nicht genau vorstellen, wo und wie Niklaus genau gelebt hat, aber es war tatsächlich unmittelbar neben seinem bisherigen Wohnhaus. Niklaus von Flüe hat so lange darauf gewartet, um so zu leben, wie er es sich wünschte, bis seine Frau in sozusagen freigab.

Zunächst glaubte er, den Ort, nach dem er sich sehnte, in Frankreich zu finden. Dann aber hat er eine Stimme in sich gehört, die ihn wieder zurückrief. Mir gefällt das. Es erinnert mich an die Geschichte, als jemand auf der Suche nach einem Schatz weiß Gott wie lange unterwegs war, um schließlich zu erfahren, dass der Schatz sich direkt unter seinem Haus befindet. Für mich heißt das: Die Entscheidung von Niklaus, allein zu leben, hat etwas damit zu tun, noch mehr bei sich zu sein, noch mehr in seine eigene Tiefe zu gehen, noch wesentlicher zu werden. Um das aber zu erreichen, muss ich nicht weit weg gehen. Es erinnert mich auch an eine Erkenntnis von Martin Heidegger, wonach der Weg zum Nahen für uns oft der weiteste und der schwierigste ist und wir es deshalb oft vorziehen, uns um andere und andere Sorgen und Sünden zu kümmern, statt es bei uns selbst auszuhalten.

Was ich auch noch erfahren habe, ist: Niklaus von Flüe hat, nachdem er sich zurückgezogen hatte, nur noch von der heiligen Kommunion gelebt, also kein Essen mehr zu sich genommen. Mein Gesprächspartner sagte mir, dass er damit ein Zeichen setzen wollte, weil in seiner Umgebung vor allem die Elite ausschweifend lebte. Vielleicht sollte darin auch ein Protest gegenüber einem solch ausschweifenden Lebensstil zum Ausdruck gebracht werden. So gesehen passt Niklaus ganz gut in unsere Zeit heute. Wenn ich mir überlege, welch eine große Bedeutung das Essen und die richtige Zubereitung des Essens bei uns inzwischen einnimmt, dann meint man manchmal tatsächlich, dass es nichts Wichtigeres gibt. Die Fernsehköche sind nicht weniger bekannt als Filmstars oder Politiker. Nichts gegen das Genießen und gegen ein guten Essen, aber manchmal werde ich dabei erinnert an die Aussage im Neuen Testament: »Ihr Gott ist ihr Bauch« (Phil 3,19).

Und dann hörte ich, dass Niklaus von der Flüe von vielen Menschen, auch Politikern, aufgesucht wurde, weil sie seinen Rat einholen wollten. Er war also nicht nur ein Einsiedler, der so vor sich hinlebte, sondern einer, der über viele Kontakte verfügte und offensichtlich auch schlichtend in Konflikte eingriff. Er erinnert mich an den Trappisten und Mystiker Thomas Merton, der sich in den letzten Jahren seines Lebens in eine Einsiedelei zurückzog – so dachte er zumindest. Tatsächlich traf er sich mit einer Reihe Menschen, unterhielt viele Kontakte und trug nicht wenig zu einer Verständigung zum Beispiel zwischen den Religionen (vor allem dem Christentum und dem Buddhismus) bei.

Nach dem Gespräch mit dem Freund über Niklaus von Flüe merke ich, dass er mir vertrauter geworden ist. Ich meine auch feststellen zu können, dass er mir sympathischer geworden ist. Es ist doch gut, sich über jemanden zu informieren und sich nicht nur auf das zu verlassen, was man allgemein, nebenher, oft doch verkürzt und recht einseitig über jemanden erfährt.

Der Niklaus von Flüe in mir

Wenn ich ehrlich bin, kenne ich diese Niklaus-von-Flüe-Seite in mir oder, wie ich es für mich manchmal nenne, diesen Thomas Merton in mir. Damit meine ich jenen, der sich jetzt nicht vorstellen kann, sich von seiner Familie, vor allem von seiner Frau, zurückzuziehen. Das kann und will ich nicht. Aber ich kenne auch die Sehnsucht in mir, mich immer wieder einmal zurückzuziehen, ganz bei mir zu bleiben, sozusagen die Einsiedelei in mir aufzusuchen, um dort zu verweilen, was manchmal auch bedeutet, mich tatsächlich für einige Tage zurückzuziehen, um ganz bei mir zu bleiben, einen eigenen Rhythmus zu pflegen.

Für mich heißt das zum Beispiel, einige Tage in einer kleinen Ferienwohnung im Thüringer Wald alleine zu leben. Wenn ich das tue, wache ich in der Regel drei bis vier Mal in der Nacht auf, da meine Träume mich wecken. Dann stehe ich auf, schreibe sie auf und versuche damit in Berührung zu kommen, was sie mir sagen möchten. Es ist eine Zeit, in der ich mich dem Beten und dem Schreiben widme und oft in das nahegelegene Schmalkalden spaziere, um dort einen Kaffee zu trinken oder etwas zu essen. Ich gehe immer wieder gestärkt von solchen Auszeiten zurück in meinen Alltag. Ich freue mich, meine Frau wiederzusehen, zu Hause zu sein, der Arbeit nachzugehen. Wenn ich bald nicht mehr einer regelmäßigen Arbeit nachgehen werde, also in Rente bin, will ich diese Seite in mir noch mehr zum Zug kommen lassen, auch weil ich glaube, dass das eine bisher nicht gelebte Seite ist, ich dann vielleicht Thomas Merton und Niklaus von Flüe etwas näher komme – wer weiß?

Niklaus von Flüe, Thomas Merton und andere Eremiten

Andreas Ebert

»Es ist nicht gut, dass der Mensch allein sei«, heißt es in der biblischen Paradieserzählung (Gen 2,18). Die Gefahr, in der Isolation wunderlich, weltfremd und unfruchtbar zu werden, Illusionen über sich selbst auf den Leim zu gehen oder ohne soziale Kontrolle und Unterstützung zu verwahrlosen, ist mit Händen zu greifen.

Dennoch hat das Christentum von Anfang an das archetypische Phänomen des Eremiten hervorgebracht – beginnend mit Jesus, der zum Anfang seines Wirkens für 40 Tage in die Wüste geführt wird, um vom Diabolos, dem Verwirrer und Durcheinanderbringer, versucht zu werden (Mk 1,12f; Mt 4,1; Lk 4,2). Paulus begibt sich nach seinem mystischen Berufungserlebnis ebenfalls jahrelang in die arabische Wüste, bevor er Kontakt zu den Aposteln in Jerusalem sucht (Gal 1,17). Antonius der Große, der Patron der Wüstenväter und -mütter, verkauft um 275 nach Christus seinen gesamten Besitz und wird Einsiedler, zunächst nahe seinem Heimatdorf Kome in Mittelägypten. Bald aber zieht er sich weiter zurück in größere Einsamkeit. Sein heldenhafter asketischer Kampf gegen die »Dämonen« erregt ungeheures Aufsehen und inspiriert im Lauf der Zeit Tausende junge Männer und auch etliche Frauen dazu, ihn nachzuahmen. Nicht allen bekommt die Einsamkeit. Eremitentum ohne geistliche Begleitung und ohne Einbindung in eine tragfähige Gemeinschaft erweist sich als gefährlich. Deswegen entwickelt sich bereits im frühen Mönchtum die Maxime, dass nur einsiedeln darf, wer zuvor bewiesen hat, dass er (oder sie) gemeinschaftsfähig ist und nicht einfach davonläuft. Die Spannung zwischen Eremitentum (Einsamkeit) und Könobitentum (mönchisches Gemeinschaftsleben) durchzieht die Geschichte des Ordenslebens. Diese Dialektik formuliert auch Dietrich Bonhoeffer in seinem berühmten Doppelsatz: »Wer nicht allein sein kann, der hüte sich vor Gemeinschaft.« Und: »Wer nicht in der Gemeinschaft steht, der hüte sich vor dem Alleinsein.« (Gemeinsames Leben, S. 66)

Bei Jesus, Paulus, Franz von Assisi, Ignatius von Loyola und anderen eindrucksvollen Glaubensgestalten bleibt diese Spannung erhalten, weil sie ihre Rückzüge in die Einsamkeit zeitlich begrenzen, um sich dann wieder ganz der Gemeinschaft zuzuwenden. Wie aber sieht es mit den »Dauereremiten« aus, die sich ganz und auf immer aus der Welt zurückziehen, um nur dem Gebet zu leben? War Niklaus solch ein Dauereremit?

Im Sommer 2015 ermöglichte mir meine bayerische lutherische Landeskirche im Rahmen ihres spirituellen Gesundheitsvorsorgeprogramms für kirchliche Mitarbeiter (ja, das gibt es tatsächlich!) eine vierwöchige Auszeit in einer Einsiedlerhütte in Norwegen. »Einlia«, so der Name der Hütte, gehört zu Lia Gård, dem größten christlichen Exerzitienzentrum Skandinaviens, das vor 40 Jahren nahe dem Städtchen Koppang vom Ehepaar Sigmund und Ingeborg Bø in alten bäuerlichen Gebäuden gegründet wurde und unter anderem zahlreiche Programme für Eltern mit Kindern anbietet. Im Lauf der Jahre entstanden im Waldgebiet rund um Lia zahlreiche Kapellen und Hütten, so auch die Einsiedlerhütte, die ich vier Wochen lang bewohnen sollte. Bedingung meiner Kirche ist bei diesem Format nur, dass man während dieser Auszeit eine regelmäßige geistliche Begleitung hat. Derzeit errichtet die Hausgemeinschaft von Lia mitten im Wald in Eigenarbeit eine stattliche Stabkirche im altnorwegischen Stil. Daneben entsteht ein großes begehbares Labyrinth, eine Kombination aus einem keltischen Hochkreuz und dem Labyrinth von Chartres.

Im Vorfeld hatte ich vor dem Alleinleben in einer einsamen Waldhütte durchaus Scheu. Überraschenderweise verflog sie sofort, als das Experiment begann. Ich schloss nachts nicht einmal die Tür ab und schlief friedlich wie in Abrahams Schoß – abgesehen von der sehr irritierenden Begegnung mit einer Fledermaus, die auf mir unerklärliche Weise eines Nachts in meine Schlafkammer gelangt war und wild zu rumoren begann. Da nahm ich doch erst einmal Reißaus. Neben meinem Bett lag in dieser Zeit ein

Traumtagebuch; und ich war erstaunt über die vielen teils banal wirkenden, teils seltsamen Träume dieser Nächte, in denen mein gesamtes bisheriges Leben auf die eine oder andere Weise Revue passierte. Ingeborg Bø, die »große Mutter« von Lia, die in diesen Tagen ihren siebzigsten Geburtstag feierte, nahm sich fast jeden Abend eine Stunde Zeit, um mit mir die Bilder und Botschaften dieser Träume zu deuten.

Auch sonst war ich nicht ganz allein. Ich nahm täglich an den drei liturgischen Tagzeitengebeten teil, arbeitete zwei Stunden auf den Baustellen von Stabkirche und Labyrinth mit und aß mittags mit der Hausgemeinschaft und den Gästen, vor allem, wenn gerade Schweigetage waren und die Mahlzeiten in der Stille eingenommen wurden. Ansonsten meditierte ich, kochte selbst, unternahm wunderbare Spaziergänge und badete im eiskalten See. Meine besondere tägliche Übung waren die Lektüre und das Übersetzen eines der letzten Bücher des großen US-amerikanischen Trappistenmönchs und Mystikers Thomas Merton (1915–1968), das bisher seltsamerweise noch nicht ins Deutsche übertragen wurde. »*Conjectures of a Guilty Bystander*« (»Mutmaßungen eines schuldigen Unbeteiligten«) entstand kurz vor Mertons mysteriösem Tod in Bangkok durch einen Stromschlag. Nach jahrelangem Kampf mit seinen Ordensoberen in Getsemani/Kentucky (USA) durfte Merton für die letzten drei Jahre seines Lebens in eine stattliche Einsiedelei ziehen, die er in der Nähe des Klosters im Wald errichtet hatte. Der Trappistenorden ist an und für sich streng könobitisch ausgerichtet. Seinerzeit schliefen die Schweigemönche in riesigen Sälen. Der Wunsch nach einem Einsiedlerleben passte nicht in das spirituelle Konzept des Ordens.

»*Conjectures of a Guilty Bystander*« stammt aus diesen letzten Jahren als Einsiedler. In dieselbe Zeit fällt Mertons große Liebeserfahrung: Während eines Klinikaufenthalts verliebt sich der 53-jährige Mönch in eine Krankenschwester, die nicht einmal halb so alt ist wie er. Sie erwidert seine Gefühle. In seinen Briefen und Erinnerungen, die erst posthum (1997) veröffentlicht wurden, nennt er seine Geliebte nur »M«. Diese überwältigende Erfahrung der ganz und gar nicht nur platonischen Liebe erschüttert ihn zutiefst. Vor seinem Eintritt ins Kloster mit 26 Jahren hatte

Merton offenkundig ein »wildes Leben« geführt. Auch ein uneheliches Kind soll er seinerzeit gezeugt haben. Aber bindungsfähig war er nicht. Seine chaotische Kindheit (früher Tod der Mutter und dann auch des Vaters und häufige Ortswechsel) hatten einen Unsteten und Heimatlosen aus ihm gemacht. Erst im Kloster findet er zu sich – aber als einer, der ständig wider den Stachel löckt, der sich nicht einfach anpasst und der als Schweigemönch einen unglaublichen Mitteilungsdrang hat. Auch so ein Spannungsfeld! Über 50 Bücher und mehr als 10.000 Briefe hat er hinterlassen; Besucher in seiner Klause gaben sich am Ende die Klinke in die Hand.

Die Liebe zu »M« wirft ihn aus der Bahn – und dennoch scheint genau sie es zu sein, die entscheidend zu seiner »Menschwerdung« beiträgt. Er fragt sich, ob sich die Liebe zu Gott und die Liebe zu einem Menschen eigentlich ausschließen müssen. Andererseits bekennt er: »Ich werde niemals, solange ich auf Erden bin, verstehen, welche Beziehung diese Liebe zu meiner Einsamkeit hat.« (Juni 1966 an »M«) »Ich kann nicht anders, als ihr einen Platz mitten im Herzen meines Alleinseins zu geben und nicht einfach irgendwo am Rande.«

In den »*Conjectures*«, einer Sammlung von Beobachtungen, Gedichten, Träumen und Tagesnotizen, befasst sich Merton kaum direkt mit dem Phänomen des Einsiedelns. Aber er nimmt immer wieder Bezug auf große eremitische Gestalten der Geschichte wie die Reklusin Julian von Norwich, Niklaus von Flüe und Theophan der Klausner, den großen orthodoxen Starez des 19. Jahrhunderts. Dabei reflektiert er weniger ihr Eremitentum als ihre Ausstrahlung und Wirkung. Er selbst erlebte sich ja gerade in seiner Zeit als Einsiedler zugleich als jemand, der auf ganz besondere Weise in der Welt lebt und für die Welt bedeutsam war. Er galt schon damals, inmitten der Kubakrise und des Vietnamkrieges, als das Gewissen der US-amerikanischen Friedens- und Bürgerrechtsbewegung. Ähnlich wie Jahrhunderte zuvor Niklaus von Flüe nahm er aus seiner Klause heraus politisch Anteil und Einfluss – auf eine Weise, die so nicht möglich gewesen wäre, wenn er selbst zum direkten Akteur und politischen Player geworden wäre.

Seine kurzen Bemerkungen über Niklas von Flüe, den er interessanterweise in einem Atemzug mit der Heiligen Johanna von Orléans nennt (die selbst zur politischen Akteurin wurde), hier im Wortlaut: »Heilige des 15. Jahrhunderts: Inmitten des Zusammenbruchs der mittelalterlichen Gesellschaft, angesichts der Korruption des Klerikerstandes und des Niedergangs des klösterlichen Lebens, erhoben sich aus dem Laientum Männer und Frauen, die Gott *vollständig gehorsam* waren. Zum Beispiel Niklaus von Flüe und Johanna von Arc. Sie waren einfache und klare Zeichen des Widerspruchs inmitten von Verweltlichung, Vorurteil, Grausamkeit, Verzweiflung und Habgier. Sie waren ganz und gar *keine Rebellen*. Sie waren sanftmütige und demütige Werkzeuge Gottes, die sich zwar den verlotterten Normen in ihrer Umwelt ganz und gar widersetzten, aber dennoch jedem Menschen und jeder Autorität gebührenden Respekt zollten. Sie zeigten klar und überzeugend, was es bedeutet, kein Aufrührer zu sein, sondern Gott gehorsam, den Menschen zum Zeichen – ein Zeichen der Barmherzigkeit, eine Offenbarung der Wahrheit und Kraft. Wir werden von diesen Gotteszeichen spontan angezogen mit all der Liebe unseres Herzens. Ganz natürlich vertrauen wir ihnen, glauben wir an ihre Fürbitte, wissen wir, dass sie in der Herrlichkeit Gottes leben und dass uns Gott nicht solche Liebe zu ihnen schenken würde, wenn sie keine ›Sakramente‹ Seines Erbarmens mit uns wären.«

Thomas Merton, der Einsiedler, spricht hier nicht nur über mittelalterliche Heilige, sondern über seine eigene Berufung, seine eigene Sehnsucht als Eremit, als Mönch und als Christ: kein Rebell zu sein, sondern aus der Stille heraus durch Gebet, Achtung vor jedem Menschen und bei allem durch klare Positionierung gegen Unrecht und Grausamkeit zum Instrument des göttlichen Erbarmens zu werden.

Etwa 70 Jahre vor Johanna und Niklaus wurde die englische Mystikerin Julian von Norwich geboren. Sie lebte wahrscheinlich als Reklusin, also eingemauert in einer Zelle an der Außenmauer der Kirche von Norwich. Zwei Öffnungen hatte diese Klause: eine hin zur Kirche, zur Teilnahme an den Gottesdiensten, und eine nach außen, um den vielen Ratsuchenden beizustehen, die zu ihr strömten. Julian hatte als junge Frau während einer schweren Erkrankung innerhalb von 24 Stunden 16 mystische Eröffnungen (»*Showings*«) über das Leben Christi und die Dreifaltigkeit erfahren und empfangen. Erst 20 Jahre später berichtet sie davon in ihrem Buch »Die Offenbarungen der göttlichen Liebe« (»*Revelations of Divine Love*«). In offenkundiger Spannung zur damaligen Lehre der katholischen Kirche hatte sie in ihren Erscheinungen einen Christus erlebt, der nicht richtet und verdammt, sondern am Ende alle und alles in seine allversöhnende Liebe einschließt. Der berühmteste Satz aus dieser Privatoffenbarung ist der Ausspruch Christi: »*All shall be well and all shall be well and all manner of thing shall be well*« (»Alles wird gut sein und alle werden gut sein, und aller Art Dinge werden gut sein«).

Merton gehörte zu denen, die diese einzigartige Klausnerin wiederentdeckten, deren Glaubensweg ähnlich wie der des Niklaus von inneren Erfahrungen, Offenbarungen und Visionen geprägt war. Er schreibt:

»Ich bete viel um ein weises Herz, und vielleicht wird mir die Wiederentdeckung der Lady Julian von Norwich dabei helfen. Ich nahm ihr Buch mit auf einen stillen Spaziergang unter den Zedern. Sie ist eine echte Theologin mit größerer Klarheit, Tiefe und Ordnung als die Heilige Teresa: Sie arbeitet den Inhalt ihrer Offenbarungen tatsächlich theologisch aus. Erst hat sie erlebt, dann hat sie nachgedacht; und die gedankliche Vertiefung der Erfahrung hat diese Erfahrung in ihr Leben eingearbeitet, tiefer und tiefer, bis ihr gesamtes Leben als Reklusin in Norwich nichts anderes war als eine vollständige Sättigung im Licht dessen, was sie einst in ihren ›*Showings*‹ auf einen Schlag empfangen hatte, als sie meinte, sie würde sterben.

Eine ihrer vielsagendsten und zentralen Überzeugungen ist ihre Ausrichtung auf etwas, was man als *ein eschatologisches Geheimnis* bezeichnen könnte, jene verborgene Dynamik, die bereits am Werk ist und durch die ›aller Art Dinge‹ gut sein werden. Dieses ›Geheimnis‹, jene Tat, die der Herr verborgen hält, ist in Wirklichkeit die vollendete Frucht seines zweiten Kommens. Es geht nicht nur darum, dass ›Er kommt‹, sondern dass Er kommt, um sein Geheimnis zu lüften. Er kommt mit der endgültigen Antwort auf allen Schmerz der Welt, mit der Antwort, die längst entschieden ist, aber die wir nicht entdecken können und die wir (nachdem wir meinen, schon alles durchdacht zu haben) gar nicht mehr zu entdecken versuchen. Tatsächlich lebte sie ihr Leben im Glauben an dieses ›Geheimnis‹, an die ›Große Tat‹, die der Herr am Jüngsten Tag vollbringen wird, keine Tat der Zerstörung und Rache, sondern eine Tat des Erbarmens und des Lebens. Alle partiellen Erwartungen werden gesprengt werden und *alles* wird zurechtgebracht werden. Es ist die große ›Endtat‹, die noch geheim ist und dennoch längst ganz und gar wirksam in der Welt – trotz ihrer Bekümmernis, die große Tat, ›die unser Herr schon vor allem Anfang bestimmt hat‹.

Julian muss zwar die Tatsache glauben und anerkennen, dass es eine Hölle gibt, aber zugleich glaubt sie – so unmöglich, wie einem das erscheinen mag – noch gewisser daran, dass ›das Wort Christi in allen Dingen bewahrt werden wird‹, und dass ›aller Art Dinge gut sein‹ würden. Dies ist für sie das Herz der Theologie: das Geheimnis nicht zu lösen, sondern friedvoll mitten in ihm zu verweilen im Wissen, dass es schon längst gelöst ist, aber dass die Lösung geheim ist und niemals erraten werden wird, bis sie offenbart werden wird.«

Was haben Niklaus und Julian gemeinsam? Sie beide brauchen offenbar den Schutz der Klause, um die übergroßen Offenbarungen und Visionen, die sie empfangen haben, zu verdauen und zu integrieren. Gleichzeitig können sie aus dieser geschützten Position heraus Ratgeber sein für viele und dem Frieden dienen. Niklaus verhindert aus seiner Klause heraus den helvetischen Bruderkrieg. Julian tröstet mit ihrer unverbrüchlichen Hoffnung auf das gute Ende aller Dinge beunruhigte und verängstigte Seelen. Thomas Merton tut beides: Aus seiner Zelle heraus unterstützt er den gewaltlosen Kampf für Frieden und Bürgerrechte. Darüber hinaus führt er auch durch seine Bücher unzählige Menschen in das kontemplative Gebet des Schweigens, jenes wortlose Gebet, das zur Quelle des Daseins und des Friedens führt.

Ähnliches lässt sich über den großen russischen Starez und Klausner Theophan (1815–1894) sagen, dem Merton ebenfalls einen eigenen Abschnitt widmet. Sein Vater war Priester; dem Sohn Georgi Wassiljewitsch Goworow ist eine geistliche Laufbahn bestimmt. 1841 wird er Mönch und erhält den Namen Theophan. Er ist wissenschaftlich tätig; 1855 wird er Rektor des Geistlichen Seminars in Olonez, 1863 Bischof. 1866 zieht er sich in das Kloster Wyscha zurück und lebt dort ab 1873 als Klausner. Er ist (wie Merton) ein überaus fruchtbarer Schriftsteller (505 Titel) und ein begnadeter Seelsorger und Seelenführer, zum großen Teil durch Briefe an Ratsuchende. Seine Erfahrungen mit dem Gebets- und Asketenleben schildert er in einer Form, die auch Laien zugänglich ist. Nach Theophan ist es der Geist Gottes, der im Menschen betet. Der Mensch kann es wünschen, suchen und dankbar annehmen; jedoch kann er es nicht hervorbringen. Er weiß nur, dass es nicht sein eigenes Gebet ist, obwohl es sich in ihm vollzieht. Er lässt es zu, ist dabei aber nicht aktiv. Merton entdeckt auch diesen Einsiedler als Gesinnungsgenossen und Seelenfreund:

»Bei meiner Beschäftigung mit den russischen Mystikern bin ich endlich bei Theophan dem Klausner gelandet, jenem Bischof und Mönch des 19. Jahrhunderts, der sich mit 51 Jahren von seinem Bischofsamt verabschiedet hat, um in Abgeschiedenheit zu leben. Zunächst verließ er seine Zelle regelmäßig, um die Gebetszeiten in der Abteikirche zu besuchen. Sechs Jahre später, nach dem Vespergebet Ostern 1872, wird er vollständig zum Eremiten und empfängt niemanden als den Abt, seinen Beichtvater und einen Klosterbruder, der sich um seine Bedürfnisse kümmert. So lebt er 22 Jahre, in denen er eine Menge Übersetzungen und literarische Arbeiten verfertigt und eine immense spirituelle Korrespondenz mit Menschen unterhält, die er geistlich führt.

Diese spröde Übersicht vermittelt keinen Eindruck von seiner wahren spirituellen Größe. Er ist in der Tat eine sehr eindrückliche Figur und ragt über alle, die Starzen von Optino und den anderen großen russischen Klöstern, heraus, die im 19. Jahrhundert in Blüte standen. Man hat hier das Gefühl, in der Präsenz echter Größe, Nobilität, Ganzheit und vollständig integrierter traditioneller klösterlicher Heiligkeit zu sein. Hier ist ein Leben, anhand dessen Früchte man – trotz aller offenkundigen Merkwürdigkeiten – eine vollständige Ausgewogenheit erkennen kann. Obwohl es allen ›vernünftigen‹ Normen zuwiderläuft, macht es wirklich Sinn. Theophan war ein Mann, der weit über den Wechselfällen des Lebens stand, der in einer eigenartigen Atmosphäre lebte und dennoch ganz menschlich blieb. Er ragt heraus wie Jesaja unter den Propheten. Hier ist ein Mensch, den ich zutiefst bewundere, weil er sah, was zu tun ist, und es dann getan hat. Er konnte vorwärts gehen und Gott folgen.«

Was haben Thomas Merton und die von ihm beschriebenen Eremiten gemeinsam? Sie schwimmen gegen den Strom. Ihre Verhaltensweisen sind anstößig, sie sind auch nicht rational vermittelbar. Niklaus, der Frau und Familie verlässt, um schließlich nur wenige Hundert Meter von ihnen entfernt »eingemauert« und ohne Aufnahme von irdischer Nahrung – so jedenfalls die Legende – zu leben, der Visionen hat und der zum großen Friedensstifter wird. Julian, die in ihren Schauungen einen allerbarmenden Christus sieht, dessen Worte die kirchliche Höllenlehre konterkarieren, Theophan, der aus der Stille heraus zum Seelenführer wird, Thomas Merton, der aus der Karriere als hoffnungsvoller Schriftsteller und aus der Rolle des charmanten Womanizers aussteigt und unter anderem als einer der ersten christlichen Theologen die Brücke zum Osten, insbesondere zum Buddhismus, schlägt. Und der paradoxerweise gerade als Einsiedler kurz vor seinem Tod das Wunder tief empfundener irdischer Liebe erlebt. Das alles ist vermutlich nicht denkbar ohne den ständigen Rückzug in die Einsamkeit und Stille, aus denen heraus Einsicht und heilsame Weisheit geboren werden – und Taten, die das Geläufige und Gesittete unter Umständen hinter sich lassen.

Sabine Bobert, evangelische praktische Theologin und Mystikforscherin, spricht im Zusammenhang mit Mystik in der Postmoderne von »Großstadteremiten«. Damit meint sie eine Vielzahl von Menschen heute, die auf der Suche nach spiritueller Orientierung sind, aber von traditionellen kirchlichen Formen und Konzepten nicht mehr erreicht werden. Sie versucht, anhand von Erkenntnissen der Meditationsforschung alltagstaugliche Formen von Gebet und Meditation zu entwickeln. Dazu gehört der zeitweise Rückzug in ein Kloster oder in die Stille, um aus der inneren Sammlung heraus klarer und »erleuchteter« agieren zu können.

Die großen Eremiten, die Merton beschreibt, können uns eine Ahnung davon vermitteln, dass die Kraft tatsächlich aus der Stille und dem Rückzug kommen kann. Meine eigene kurze Auszeit in einer Einsiedelei lässt mich dieses Geheimnis zumindest erahnen.

Das Gesicht der Moderne – Zur Verwunderung von Niklaus von Flüe

Peter Eicher

Ernüchterung

Es steht alles noch da. Das hohe Wiesengelände über dem Sarner See wird wie vor 600 Jahren beweidet und für die Heuernte abgemäht. Es gibt das Haus, in dem Niklaus von Flüe 1417 geboren wurde. Es gibt auch das zum Original renovierte Haus, das der Landwirt nach seiner Heirat mit Dorothea Wyss als Dreißigjähriger aufgebaut hatte. Darin verbrachte er mit seiner Familie und schließlich mit zehn Kindern zwanzig Jahre eines unspektakulären Lebens als Landwirt, Kläger, Zeuge, eidgenössischer Schiedsrichter und als »Vennerych« von obwaldnerischen Kämpfergruppen.[1] Der Anführer loser Freiwilligenverbände nahm an grausamen Aktionen – besonders im Alten Zürichkrieg – in Raub-, Eroberungs- und Schutzkriegen teil, für welche die Eidgenossen gefürchtet waren. Immer noch gibt es im Ranft, das heißt am Rand des bewohnbaren Landes, das im Original existierende erste »Cluselyn«, das sich der selbsternannte Einsiedler 1467 mithilfe der Familie für seine Flucht aus der Zeit zurechtgezimmert hatte. Ansehnlicher schon sieht bis heute die Zelle und die damit verbundene Kapelle aus, die auf Weisung der Landsgemeinde von Obwalden bereits ein Jahr später durch die Fronarbeit der Landbevölkerung und mit dem Segen des Konstanzer Bischofs näher am Haus seiner Familie gebaut worden war. Hier lebte er abgeschieden und mit der prosperierenden Familie kommunikativ gut verbunden bis zu seinem siebzigsten Lebensjahr. Wohl zum Beistand, zur Protektion und zur Überwachung des neuen laikalen Gottesfreundes bezog Ulrich von Memmingen als Priester nach dem Umzug in die bessere Klause die erste einfache Zelle von Niklaus.[2] Das erste Grabmal war unbedeutend:

Niklaus von Flüe war zu sehr Laie, als dass er nach seinem Tod für kirchliche Wallfahrten hätte vereinnahmt werden können.

Ein historisch zutreffendes Verständnis des ausgezehrten Gottesfreundes, der als Fünfzigjähriger in eine Klause unterhalb seines Hauses zog und zwanzig Jahre als Gottes- und Menschenfreund wirkte, ist schwer zu gewinnen. Klaus von Flüe ist durch das Bild, das seit seinem Rückzug in den Ranft ständig erweitert, überhöht und für nationale, kirchliche und militärische Zwecke ausgebaut wurde, so unsichtbar geworden, dass eine Annäherung nur durch eine sorgfältige Dekonstruktion möglich wird.

Ich besuchte von 1957 bis 1963 das Gymnasium im Benediktinerkollegium von Sarnen und lernte dabei die anmutige Seite des Voralpentales und des Eingangs zum Melchtal mit dem Flüeli-Ranft kennen. So konnte ich mich schon damals Schritt für Schritt der Alltäglichkeit und der visionären Kraft dieses bodenständigen und selbstkritischen Mannes nähern. Inmitten der Obwaldner Mitschüler glaubte ich noch verspüren zu können, aus welchem Holz die Bauerngemeinden, die kampfbereite Bevölkerung und die klugen Lehrer in diesem Voralpental geschnitzt waren – und über welche Schlagkraft ihr Dialekt bis heute verfügt. Das Glück wollte es, dass wir im Kollegium im Fach Geschichte Ruppert Amschwand als Dozenten hatten, den nach Robert Durrer besten und historisch skeptischen Kenner der Quellen zum Bruder Klaus aus dem 15. und 16. Jahrhundert.

Historisch-kritisch hat sich erhärtet, was wir damals schon ahnten: Klaus von Flüe war so ziemlich alles nicht, was an ihm und mit ihm verehrt wird. Er war weder ein »Mann der Kirche«[3] noch ein »Mystiker« oder »Gottesgelehrter«[4] und erst recht nicht der erste fröhlich Geschiedene der Neuzeit[5]. Er war nicht der Retter oder Landesvater der Schweiz, also auch nicht die spirituelle Gegenseite zu dem damals eingeführten Tell.[6] Das Bild des Heiligen kann eher vom Totenkult der Frühmoderne her verstanden werden. Zum Ende des 15. Jahrhunderts wurde der rituelle Kult um bedeutende Tote durch die Chronik ihres Lebens ins kollektive Gedächtnis gehoben.[7] Chroniken, das heißt erzählerische Rituale über Klaus von Flüe, wurden schon einige Jahre vor seinem Lebensende in Umlauf gebracht und werden bis heute kopiert, erweitert und literarisch verstärkt. Dieser literarische Klaus von Flüe hat wenig mit dem Bauern vom Schübelacher und dem Gottesfreund vom Ranft zu tun, er wirkte in der sakralen Chronik jedoch so stark nach, dass der Landmann, der Krieger, der Einsiedler-Laie und der politisch klug vermittelnde Ratgeber von den Reformatoren[8] als ein Mann des Evangeliums geschätzt wurde und nach dem Zweiten Weltkrieg dann auch in den Rang der Altäre der römisch-katholischen Kirche erhoben worden ist. Seither gibt es keinen Zugang zum Bruder Klaus ohne eine literarische Fastenkur. Man darf ironisch anmerken, dass Niklaus von Flüe als Bruder Klaus auch erst durch seine angeblich vollständige Abstinenz von Nahrung und Getränken bekannt geworden ist.[9]

Zum Verständnis des Bildes, das Niklaus von Flüe an der Schwelle zur Moderne[10] von seiner eigenen Zeit hatte, kommt dem Übergang von der Natural- zur Geldwirtschaft im Gebiet der Schweizer Eidgenossenschaft eine hohe Bedeutung zu. Der gesamtwirtschaftliche Umbruch, der die Kantone der noch sehr lockeren Bundesgenossenschaft auseinanderzusprengen drohte, hatte mehrere Ursachen: Ganz unerwartet fiel 1474 den Kriegern von Bern, Fribourg, Solothurn und aus der Innerschweiz der größte damalige Gold-, Edelstein- und Naturalienschatz Europas in die Hände[11]. Karl der Kühne verlor durch taktisches Ungeschick einen großen Teil des damaligen Burgunderschatzes bei Grandson an die eidgenössischen Truppenverbände. Mit dem Söldnerwesen, an dem sich Niklaus bis zu seiner Flucht in den Ranft freiwillig beteiligte, verdienten die Rotten der Eidgenossen zweitens ebenfalls sehr hohe Summen Sold, Raubgut und Renten. Dazu kamen für Obwalden drittens auch Gewinne aus den Gebieten jenseits des Gotthards, die sie sich mit den innerschweizer Kantonen untertan gemacht hatten. Gleichzeitig verarmten auf der anderen Seite jedoch viele Menschen durch die Einzäunung der Felder, durch die neuen Zollschranken, durch die von der römischen Kirche erstmals akzeptierte Zinspolitik und durch die auch im ländlichen Bereich erfolgte Umstellung des Warenverkehrs auf die Geldwirtschaft[12].

Niklaus hat diese neue Grundsituation der Einzelnen und der Gemeinden in der Geldwirtschaft durchschaut, er hat darunter psychisch gelitten und deren Folgen visionär erspürt. Er sah, wie sich das Geld zum Wert aller Werte entwickelte. In einem »Gesicht« erkannte er, dass die Arbeit für Geld zur Verarmung der Bevölkerung führte – gut vierzig Jahre vor der ersten »Utopie« des Thomas Morus, die eine grundlegende gesellschaftliche Alternative zur Geldwirtschaft entwarf. Zweihundert Jahre vor Hobbes' Grundlegung der Kapitalismuskritik sah Niklaus den Zusammenhang zwischen der Geldwirtschaft und dem Verlust des Sinns für das Gemeinwohl und für das innere Glück. Dieser Umbruch verwunderte ihn aufs höchste. Es war nicht ein Gottesschreck oder eine pathologische Angst[13], die ihn umtrieb, er sah in seinem »Gesicht« vielmehr präzise die Not seiner Zeit – am Anfang der Neuzeit.

Es sind zwei Zufallsfunde aus dem Jahr 1927 und 1970[14], die es erlauben, dem Bild, das Niklaus von Flüe sich selbst von seiner Zeit machte, näher zu kommen. Sein »Gesicht« vom Elend der Leute und vom Brunnen ekstatischen Glücks wirkt heute erstaunlich modern. Das Traumbild weist auf die Quellen des wahren Lebens im Falschen hin. Es kann tiefenpsychologisch deshalb auch als ein Bild für die Selbstwerdung[15] des damals ungefähr Sechzigjährigen interpretiert werden.

Das »Gesicht«

Aus den fünf Überlieferungen[16] des 16. Jahrhunderts lässt sich durch Konjektur folgende »Sicht« von Niklaus von Flüe auf die Gesellschaft, auf die Religion und auf sich selbst in den ausgehenden siebziger Jahren des 15. Jahrhunderts rekonstruieren[17]:

»Ich kam in meinem Schlaf oder Nachsinnen zu einem Platz in der Gemeinde. Ich sah viele Leute, die sehr hart arbeiteten und dabei völlig verarmten. Ich wunderte mich sehr, dass sie so arm waren, obwohl sie so viel arbeiteten.

Auf dem Dorfplatz mit wenigen Häusern sah ich einen schönen Palast. Drin gab es eine offene Tür. Ich dachte, dass ich hineingehen müsste, um nachzuschauen, was da drin sei. Ich fand alsbald durch die Tür zu einer Kü-

che, die einer ganzen Gemeinde gehörte. Da erblickte ich zur rechten Hand eine Stiege von vielleicht vier Stufen. Einige Leute stiegen hoch. Es waren sehr wenige und mir schien, dass sie weiß gesprenkelte Kleider trügen.

Da sah ich einen Brunnen. Aus ihm flossen Wein, Öl und Honig in einen großen Trog in der Küche. Der Brunnen floss schnell wie der Blitz und dröhnte so stark, dass er wie ein Harschhorn klang. Ich dachte, dass ich die Stiegen hochgehen sollte, um zu sehen, woher der Brunnen käme.

Ich wunderte mich sehr, dass die Leute so arm waren, aber niemand hineinkam, um aus dem Brunnen zu schöpfen, der doch allen gehört.

Ich ging die Treppen hoch und kam in einen weiten Saal und erblickte mitten in ihm einen viereckigen Kasten, aus welchem der Brunnen quoll. Ich näherte mich dem Kasten und besah ihn. Doch wie ich zu dem Kasten ging, da wäre ich beinahe versunken, wie wenn ich über ein Moor ginge. Ich zog meine Füße schnell zurück und erkannte, dass man nur mit zu sich zurückgezogenen Füßen zum Kasten gelange könne. Der Kasten war auf allen vier Seiten mit Metall beschlagen.

Aus dem Brunnen floss Wasser durch eine Rinne. Das Wasser war so lauter, dass man auf seinem Grund ein Haar hätte sehen können. Alles klang so wunderbar in dem Kasten und in der Rinne, dass ich sehr verwundert war. Wie mächtig es auch aus ihm floss, der Kasten blieb doch wimpernvoll und lief über. Unaufhörlich fließt aus ihm eine solche Fülle, dass er überströmt und gerne noch mehr in ihm gewesen wäre. Das Wasser zwitscherte aus allen Ritzen.

Ich ging hinab und sah, wie mächtig das Wasser in den Trog strömte. Deshalb ging ich noch einmal hinaus, um nachzusehen, was denn die Leute täten, dass sie nicht hereinkämen, um aus dem Brunnen zu schöpfen, der doch im Überfluss hervorquillt.

Ich ging zur Tür hinaus. Da sah ich, dass die Leute sehr viel Arbeit hatten und dabei gänzlich verarmten. Auf einem weiten Feld gab es eine Menge Leute. Sie kümmerten sich um Güter und Gewinne.

Einer schlug mitten durch den Platz einen Zaun mit einem Torgatter, das er verschlossen hielt. Er sagte: Ich lasse euch nicht hin- und nicht hergehen, ohne dass ihr mir den Pfennig gebt. Andere schlugen eine Brücke über den

Fluss und erpressten die Hinübergehenden mit einem Brückengeld. Jemand forderte den Pfennig mit einem Knüppel. Ich sah Pfeifer, die für sie spielten und dafür den Pfennig verlangten. Wieder andere Spielleute stimmten mit ihren Flöten, Pauken und anderen Musikinstrumenten ihr Stück nicht an, bevor ihnen der Lohn schon bezahlt worden wäre. Desgleichen sah ich Schneider, Schuhmacher und allerlei Handwerker, die alle ihren Pfennig haben mussten.

Ehe sie dies alles erreichten, waren sie so arm, dass sie davon nichts hatten. Ich sah niemanden, der aus dem Brunnen schöpfte.

Ich stand da und schaute ihnen zu. Da verwandelt sich die ganze Gegend und ward zu einer wüsten Gegend.«

Kritische Vernunft

Es gibt kein literarisches Vorbild zu der Abfolge von Bildern, wie sie in dieser Vision vom Brunnen des Niklaus von Flüe sichtbar wird. Die Kraft der Widersprüche in diesen Sequenzen verpflichtet zu einem Verstehen auf allen Ebenen der Einschätzung 1.) der äußeren Verhältnisse, 2.) der tiefenpsychologischen Deutung und 3.) der religionswissenschaftlichen Rückfrage.

1. Das Absurde am Geldverkehr

Die Bilder deuten das ökonomische Handeln der Zeitgenossen und ihre Entfremdung von den Quellen des inneren Glücks. Dabei fällt die Absurdität der Widersprüche auf. Die Leute, die Niklaus anfänglich auf dem Platz der Gemeinde hart arbeiten sah, hatten nichts von ihrer Mühe. Sie arbeiteten vergeblich, was dem Visionär äußert befremdlich scheint. Er beobachtet ja, dass sie durch ihr Arbeiten arm werden. Das erstaunt den Bauern, der gewohnt war, dass seine Arbeit Früchte bringt und dass Armut die Folge von Faulheit war.

Die Gegenbilder, die aus der realen Welt der sinnlosen Arbeit herausführen würden, werden durch Symbole markiert. Ein »Palast« macht neugierig. Er wird nur von wenigen betreten und die wenigen tragen markierte Kleider, als ob es um den Eingang in ein Haus des Adels oder in einen religiösen Bezirk ginge. Es geht jedoch um eine Küche, um – psychologisch gesehen – Orales also. Und für das Orale ist Wasser das grundlegende Element. Wasser ist zum Leben notwendig. Nur durch Wasser entstehen jedoch die mehr als notwendigen Mittel der Lebenslust (Wein), der Schönheit, Heilung oder Sakralisierung (Öl) und der Versüßung des Daseins (Honig). Es sind die stärkstmöglichen Symbole von »Heil«, »Heilung« und »Heiligung«.

Das wohl Bedeutsamste an dieser Bilderfolge besteht in der Schlussfolgerung, die aus dem »verwunderlichen« Zusammenprallen von sinnloser Arbeit mit der Fülle der Lebenslust gezogen wird. Die Armen kommen nicht in den Palast, eben weil sie draußen beschäftigt sind. Auch der Visionär trinkt nicht aus dem Brunnen, weil er wie gebannt bleibt von diesem Schreckbild der modernen Ökonomie. Durchaus realistisch sieht der Mensch, der noch weiß, wie köstlich das Leben mit dem Wein, dem Öl und dem Honig schmeckt, was der neue Geldverkehr mit sich bringt: Das Land wird durch die Einzäunung zum berechenbaren Besitz. Es schließt die nomadischen Hirten aus. Die Zölle, welche die Eidgenossen für ihre nicht zu umgehenden Alpenübergänge hochtreiben konnten, führten nicht nur zu neuen Geldeinnahmen, sondern auch zu neuen Konflikten. Schlimmer noch: Was ehemals dem Tausch und damit der gemeinschaftsbildenden Kommunikation unterlag – die Herstellung von Kleidern, Schuhen und Geräten –, lief nun über Geld und trieb einen Großteil der Bevölkerung in die Armut. Am schlimmsten: Die Musik, die zum Tanz lädt, wird denen vorbehalten, die sie bezahlen können. Die Kultur schien käuflich geworden zu sein und schnitt damit die »vielen Leute« vom Quell des Lebens ab.

Nach dem Wortlaut der Vision erkannte Niklaus den kausalen Zusammenhang zwischen sozialer und kultureller Verarmung auf der einen Seite und der Umstellung allen Wirtschaftens und allen kulturellen Handelns auf Geldverkehr auf der anderen Seite. Es wurde ihm klar, dass das, was einst allen gemeinsam war, von niemandem mehr genossen werden könne. Die Quelle des gemeinschaftlichen Feierns, die Quelle der Heilung und die Quelle des feinsten Lebensgenusses wurde unzugänglich. Das war seine »Verwunderung«. Das öffentliche Leben und die innere Welt erschienen ihm als Wüste. Niklaus von Flüe hat den Grund des Elends der Moderne zur Zeit ihrer Entstehung klar und deutlich erkannt.

2. Die Selbstwerdung

1959 hat die Jung-Schülerin Marie-Louise von Franz zu zeigen versucht, dass es Niklaus von Flüe in der Spannung seiner Zeit gelungen sei, die christlich enge Grundorientierung der Psyche zwischen Gnade und Sünde psychisch und kosmisch zu erweitern. Er habe das im kollektiven Unbewussten zum Vorschein kommende Problem des Gegensatzes zwischen Bewusst und Unbewusst und zwischen Licht und Schatten in sich zugelassen und habe damit zur Selbstwerdung gefunden, die das traditionelle Christentum noch nicht zugelassen habe.[18] Damit ist die Frage verbunden, ob auch subjektal gelesen die stärkste Vision von Bruder Klaus moderne, das heißt individuierende Züge trägt. Die subjektale Auslegung von Träumen und Visionen geht nach C. G. Jung davon aus, dass die einzelnen Bildelemente und die Sequenz der Bilderfolgen auch psychische Anteile des Träumers oder des Sehers offenbar machen.

Was an Bruder Klaus wäre – tiefenpsychologisch gefragt – sein eigener Anteil an denen, die vergeblich arbeiten und durch diese Arbeit immer ärmer und elender werden? Inwiefern hat er sich selbst als Palast erlebt, aus dem unablässig klarstes Wasser hervorquillt? Was in ihm verwandelte sich ständig in Wein und Öl und Honig? Suchte er – wie es historisch bezeugt ist – etwa auch als Einsiedler selbst den Pfennig zu erhalten? Es gibt immerhin eine parallele Vision vom Pilger[19], der den Pfennig erhält – und deutlich auf den Visionär selbst verweist. Spürte er den Boden unter sich wanken? Hatte er selbst die Erfahrung gemacht einzusinken, sodass er sich zurückziehen musste, um beim Wasser des Lebens bleiben zu können? Das Traumbild würde durch seinen regressiven Charakter immerhin verständlich machen, warum er sich in den Schlund der Melchaa zurückzog und dort sporadisch auch die Wonnen des irdischen Mutterschoßes verspürte. War ein Anteil seiner selbst durch diese Regression nicht auch zur

Steinwüste geworden, zu einem verdrängten Teil, der durch die Trennung von der Frau und den Kindern gerade – wie in der Vision – nicht aus der Lebensquelle trank, die er in seinem eigenen »Palast« verspürte?

Diese Fragen zu stellen heißt, in Umrissen zu ahnen, warum Niklaus von Flüe sich selbst aus dem Betrieb des Hofes und der Ämter, aus der Familie und aus der Soldateska zurückziehen musste, um sich nicht gänzlich zu verlieren. Insofern gibt die Vision einen möglichen Schlüssel für das Verstehen seines Rückzuges aus der Welt ab.

Die Spannung löst sich in der Vision jedoch nicht. Der Seher hat die Lösung der Gegensätze nicht gefunden. Anders als in der tiefenpsychologischen Überschau von Marie-Louise von Franz gelingt hier die Individuation noch nicht. Eher schon bricht im Subjekt von Niklaus von Flüe die Tragik der Moderne auf. Sie besteht vor allem darin, dass bei der dynamischen Entwicklung von Wissenschaft, Technik und Geldwirtschaft die Quellen der Lebenslust nicht mehr verspürt werden können und vielen nicht mehr zugänglich sind. Die Ökonomisierung aller Lebensbereiche verwandelt die Menschen in Arbeitende, die nicht nur sozial verarmen, sondern psychisch am Leben vorbeigehen müssen. Es ist wahrscheinlich, dass diesem hellsichtigen Seher vom Flüeli-Ranft das Absurde, das er erkannte, psychisch zu ertragen möglich wurde, weil seine geistlichen Begleiter ihm die – seit dem 12. Jahrhundert aufgekommene – Leidensbetrachtung des Weges Jesu nahegelegt haben. In der Vision selbst spielt diese jedoch keine Rolle.

3. *Was in dieser Vision hat mit »Gott« zu tun?*

Schon kurz nach seinem Rückzug in den Ranft ist aus Niklaus von Flüe der Bruder Klaus gemacht worden. Ihm wurde hinfort alles nur denkbar Theologische, Kirchliche, Mystische und Nationale in den Mund gelegt. Heute wissen wir, dass er nicht der Urheber der Weisung war, den Zaun der Eidgenossenschaft »nicht zu weit« zu ziehen. Seine Rolle beim Stanser Verkommnis von 1481, welches die Zugehörigkeitspflichten der Kantone Freiburg und Solothurn präzisierte, war nicht die eines Schlichters eines angeblich bevorstehenden Bürgerkriegs. Die Rolle, die er spielte und für die er von allen Seiten mit Geld bedacht worden war, wurde ihm zugemutet – und er hat sie vortrefflich ausgespielt. Er wehrte sich auch nicht gegen die mystischen Traditionsstücke und Gebete, die schon zu seinen Lebzeiten in seinem Namen einem breiteren Publikum zugänglich gemacht wurden. Das Tuch mit dem Antlitz, zu dem drei Strahlen hinführen und von dem drei Strahlen ausgehen, zeigt mit Sicherheit keine Vision von ihm. Das Tuch mit dem Meditationsbild ist ihm spät erst geschenkt worden. Das zentrale Gesicht repräsentierte vor der Übermalung kein »Gottesbild«, sondern den Kopf eines Fürsten (Karl der Kühne?)[20]. Und die Strahlen führen nicht nur zu den konventionellen Bildern der evangelischen Heilsgeschichte, sondern verweisen auch auf die sechs Kriterien im Jüngsten Gericht: auf die Frage, wie Menschen mit Hungernden und Dürstenden, mit Fremden, psychisch und physisch Kranken, mit Gefangenen, Fremden und Verstorbenen umgehen.

Die stärkste Vision von Niklaus von Flüe verrät keine mystische Schau. Sie ist die Vision der Moderne an ihrem Ursprung. Kritisch, tragisch und voller Spannung.

1 Zur Zeitgeschichte vgl. Thomas Maissen, Geschichte der Schweiz, Stuttgart 2010, S. 59–83; zum Züricher Krieg und Niklaus von Flüe: Pirmin Meier, Ich, Bruder Klaus von Flüe, Zürich 2000, S. 58–80; zum Rüstungsvolumen vgl. Peter Xaver Weber, Rüstungs- und Waffenschmieden im alten Luzern, in: Aus Geschichte und Kunst, Robert Durrer zur Vollendung seins sechzigsten Lebensjahres dargeboten, Stans 1928, S. 271–297.

2 Vgl. R. Amschwand, Bruder Klaus. Ergänzungsband zum Quellenwerk von Robert Durrer, Sarnen 1987, S. 3–6.

3 Am wirkmächtigsten hat Charles Journet, Saint Nicolas de Flüe, Neufchâtel, Paris 1947, Der heilige Nikolaus von Flüe, Freiburg i. Ue. 1980, gewirkt. Charles Journet beschäftigte sich nicht mit der historischen Kritik der Quellen. Er deutete die verschiedensten Überlieferungen von seiner trinitarischen Theologie her: »Es scheint, dass die ständige innere Verzückung des Seligen dem blendenden Gegensatz entspringt, den er zwischen der unaussprechlichen Macht und Vollkommenheit der göttlichen Dreieinigkeit und der Zerbrechlichkeit unseres Weltalls entdeckt.« (Ebd., S. 48)

[4] Roland Gröbli, Die Sehnsucht nach dem »einig Wesen«. Leben und Lehre des Bruder Klaus von Flüe, Zürich 1990, hat die spärlichen Andeutungen in den historischen Quellen mit der mystische Tradition bis zum 16. Jahrhundert amplifiziert. Demgegenüber hielt es schon Ruppert Amschwand (a. a. O., S. 9) für allerhöchstens denkbar, dass Bruder Klaus im Umgang mit seinen priesterlichen Freunden und Besuchern, die ihm eventuell auch mystische Texte vorlasen, mit der Zeit lernte, sich ein wenig in der Sprache der Mystiker auszudrücken. Für einen »Gottesgelehrten« hielt Heinrich Stirnimann den des Lesens und Schreibens unkundigen Obwaldner insbesondere deshalb, weil er in das Betrachtungstuch, das Niklaus einige Jahre vor seinem Tod geschenkt worden war, eine visionäre Theologie hineinlegte, ders., Der Gottesgelehrte Niklaus von Flüe. Drei Studien, Freiburg i. Ue. 2001; zur Kritik vgl. die vorzügliche Internetedition von Werner T. Huber, Bruder Klaus, Niklaus von Flüe, Flüeli-Ranft, 1998–2015, nvf.ch, meditationsbild.

[5] Eher schon war er das, was Rilke als den in der Ehe Liebenden als einzig mögliche Figur bezeichnete: »... vielmehr ist die gute Ehe die, in welcher jeder den anderen zum Wächter seiner Einsamkeit bestellt und ihm dieses größte Vertrauen beweist, das er zu verleihen hat« (Brief an Emanuel Bodmann vom 17.8.1901). Dorothea und Niklaus blieben sich nicht nur physisch nahe, sie begegneten sich in der Distanz dieser Einsamkeit – was eine Variante der modernen Ehe sein könnte.

[6] Vgl. Ernst Walder, Das Stanser Verkommnis. Ein Kapitel eidgenössischer Geschichte, Stans 1994, S. 53–74, S. 205–244.

[7] Vgl. Uwe W. Dörk, Totenkult und Geschichtsschreibung. Eine Konstellationsgeschichte zwischen Mittelalter und Moderne, Konstanz 1914, S. 45–250.

[8] Vgl. Heinrich Stirnimann, a. a. O., S. 13ff.

[9] In seinen Annales Hirsaugienses (1509–1514) überlieferte Johannes Trithemius das klare Eingeständnis von Niklaus von Flüe: »... ich habe nie gesagt und sage nicht, dass ich nicht esse«, in: Robert Durrer, Bruder Klaus. Die ältesten Quellen über den seligen Nikolaus von Flüe, sein Leben und seinen Einfluss. Erster Band, Sarnen 1921, S. 347. Zur Diskussion vgl. Meier, a. a. O., S. 229–290.

[10] Der Begriff der »Moderne« wird hier im Blick auf die devotio moderna im Sinn der persönlichen Frömmigkeit und im Blick auf die Wende von der Naturalwirtschaft zum universalen Geldverkehr kurz vor der Reformation verwendet.

[11] Vgl. Klaus Schelle, Charles le Téméraire, Paris 1979, S. 270ff.

[12] Vgl. Hans-Jörg Gilomen, Wirtschaftsgeschichte des Mittelalters, München 2014.

[13] Pirmin Meier kommt das große Verdienst einer quellenkundigen Dekonstruktion zu: vgl. ders., Ich, Bruder Klaus von Flüe. Eine Geschichte aus der inneren

Schweiz, Zürich 1997. Die Darstellung legt auch aktuelle Diagnosen für psychische Pathologien wie der Depression zugrunde. Was in unserem Jahrhundert als pathologisch eingestuft wird, hatte im 15. Jahrhundert jedoch oft andere Bedeutungen, wobei die Kulturgeschichte der Psychopathologie für das 15. Jahrhundert noch nicht geschrieben ist. Meiers glänzende Darstellung bringt viele Ansätze dazu und hat die befreiende Dekonstruktion des Heiligenbildes vorangebracht.

14 »Aber ein Gesicht«, das heißt die vor 1500 aufgeschriebene Brunnenvision nach Caspar am Büel im Bericht von Adalbert Wagner, Ein Beitrag zur Bruder Klausen-Forschung, in: Aus Geschichte und Kunst. Robert Durrer zur Vollendung seines sechzigsten Lebensjahres, Stans 1928, S. 326–338, 332ff. 1970 wurde der Rhätus-Text der Brunnenvision, wie sie 1521 nach einer unbekannten Quelle aufgezeichnet wurde, bekannt. Diese beiden Fassungen erlauben neben den bekannten Varianten von Heinrich Wölflin aus dem Jahr 1501, Hans Salat 1537 und Ulrich Wittwyler von 1571 die wahrscheinlichste Rekonstruktion. Eine Synopse der Texte gibt Roland Gröbli, Die Sehnsucht nach dem »einig Wesen«. Leben und Lehre des Bruder Klaus von Flüe, Zürich 1990, S. 64–70.

15 Vgl. Marie-Louise von Franz, Die Visionen des Niklaus von Flüe, Zürich 1980. Die Zustimmung zur tiefenpsychologischen Auslegung der Brunnenvision bedeutet nicht, die Amplifikation der Einzelbilder zu teilen. Auf die von Klaus von Flüe gesehene Zeitproblematik wird bei Marie-Louise von Franz jedoch auch deutlich hingewiesen, vgl. a. a. O., S. 13f., S. 101.

16 Die Abweichungen von der Fassung bei von Franz, S. 91–93, kommen durch die Berücksichtigung der Rhätus-Fassung von 1521 zustande, vgl. Gröbli, S. 64–69.

17 Ich rekonstruiere diese Vision, die nur in Erzählungen über die dritte Person des Sehers überliefert ist, in der ersten Person. Sakralisierungen, theologische Deutungen und Überhöhungen dürfen als spätere Eintragungen gelten, weil sie bei Nachschriften kaum gekürzt worden wären. Wenn aus einem »Kasten« im älteren Text im jüngeren Text ein »Altar« wird oder wenn die drei Wasserrinnen als Dreifaltigkeit gedeutet werden, dann sind die späteren theologischen Interessen kaum übersehbar. Das gilt auch für die Erklärungen über den Visionär selbst. Was bleibt, kann ohne die Einführung »übernatürlicher« Ereignisse die Flucht des sensiblen Bürgers von Sachseln aus der Kriegerei, aus den Amtsgeschäften und aus dem feudalen Betrieb der kirchlichen und der profanen Machtverwaltung verständlich werden lassen.

18 Vgl. von Franz, a. a. O.

19 Zur Pilgervision vgl. http://www.nvf.ch/pilger_baer.asp Pilgervision

20 Vgl. Werner Huber: http://www.nvf.ch/rad1.asp

Einer ruft dich fort von mir

Maria Sassin

So viele Jahre haben wir geteilt.
Ich bin gewachsen an dir
zur Frau, zur Vertrauten,
und plötzlich ist alles anders.
So unendlich fern bist du neben mir.
Was treibt dich um, Nacht für Nacht,
wenn deine leise Stimme suchend betet?
Wie hart du kämpfst, geliebter Mann.
Dein Blick so hungrig, durstig dein Herz,
mir in aller Ferne nah wie mein eigenes.
Nicht mir gilt dein Sehnen,
zu viel ist dir jede Gegenwart,
zu viel des Alltags Mühen.
Mein Herz zerreißt an deinem Schmerz,
erahnt deinen Weg so fern von meinem.
Ich weiß gewiss um deine Liebe,
doch einer ruft dich fort von mir.
Voll Liebe will ich dich segnend ziehen lassen,
wohin Gott dich ruft.
Sorge wird er tragen um uns beide
und braucht dich fern von mir.
Drum geh, wohin der Ruf dich trägt.
Sorge dich nicht um mich, Gott ver-sorgt mich.
Dien-mütig sage ich mein Ja zu deinem Weg.

Zwiegespräche im Geist von Bruder Klaus und Dorothea im Wachen und Träumen

Franz-Xaver Jans-Scheidegger

In meinem Leben bin ich oft mit der Botschaft von Bruder Klaus auf unterschiedlichen Ebenen und in unerwarteten Zusammenhängen in Kontakt getreten. Ich durfte und musste mich damit seit meiner frühen Jugendzeit auseinandersetzen und kann mich bis heute dieser Herausforderung nicht entziehen. Exemplarisch erwähne ich einige Träume, an denen Hintergründiges deutlich sichtbar werden kann, wenn jemand Augen hat, zu sehen. Natürlich ließe sich dazu noch viel mehr ausführen. Diese inneren und äußeren Erlebnisse wollen aber zu weiteren eigenen Betrachtungen anregen, vielleicht auch zu ganz persönlichen Fragen, die den Horizont der spirituellen Suche erweitern könnten.

Traum 1: Die Felsengrotte

An diesem 21. September lädt der Nachmittag zu einem kurzen Spaziergang ein. Die Sonne verbreitet ein warmes Licht. Ein leichter Dunst dämpft die Mittagsstrahlen. So beschließe ich, meinen üblichen Rundgang zu machen, also hinauf zum Geburtshaus von Bruder Klaus, an den Schulanlagen vorbei, zurück Richtung Wohnhaus seiner Familie und Hotel »Pax Montana«, um dann im VIA CORDIS-Haus St. Dorothea wieder anzukommen. Ich fühle mich ziemlich müde an diesem Tag und lege mich nach dem Mittagessen für einige Minuten hin.

Auf dem Weg zur Dorfkirche kommen mir viele fotografierende Pilgertouristen entgegen. Ich höre die unterschiedlichsten Sprachen: Chinesisch, Französisch, Englisch, Italienisch, Japanisch, Serbisch und sogar Schweizer Dialekt. Ich wundere mich über diese Vielfalt von Sprachen an diesem

Nachmittag. In der Regel begegnen mir solche Leute am späteren Abend oder morgens nach sieben Uhr.

Auf der Anhöhe gehe ich in die Richtung des Geburtshauses von Niklaus von Flüe. Die Gegend kommt mir leicht verändert vor. Vielleicht bin ich in den letzten Monaten zu wenig aufmerksam die Straße abgeschritten. Vor der Haustür des Geburtshauses spielt ein kleiner Junge. Er springt auf mich zu und fragt: »Bist du der Franz-Xaver vom VIA CORDIS-Haus?« »Ja!«, antworte ich. »Dann warte doch hier, und ich gehe schnell Mama rufen; sie will mit dir sprechen!« Ich blicke eher erstaunt zu dem Kleinen, und er bekräftigt nochmals: »Doch, Mama hat gesagt, ich soll auf dich warten, wenn du nach dem Mittagessen kommst, sie will mit dir reden. Sie hat schon oft gesehen, dass du hier vorbeispazierst.« Der Kleine springt in das Haus. Nach kurzer Zeit kehrt er mit seiner Mutter zurück und ruft: »Schau, Mami, das ist der Franz-Xaver!« Eine etwa vierzigjährige Frau begrüßt mich freundlich und sagt: »Ich möchte dir gerne etwas zeigen, wenn du Zeit hast, mit mir zu kommen.« Ich staune, dass sie mich so offen anspricht, und spüre gleichzeitig, dass ich auf das Angebot eingehen sollte. Der Kleine springt auf uns zu und sagt zu seiner Mutter: »Gell, ich darf auch mitkommen?« Ich habe keine Einwände und frage die Frau, wie sie heiße: »Doris«, antwortet sie schnell. Sie führt mich einen Weg, den ich zu kennen glaube, in die Richtung der Schulanlage, die mir aber verändert erscheint. Die Schulanlage ist wie verschwunden, und wir gehen auf einem Feldweg, der in den Ranft führt. Doris hat es ziemlich eilig und erzählt mir von einer Grotte in der Ranftschlucht, die für sie wichtig sei. Der Kleine fragt mich, ob wir dann dort spielen werden.

Wir kommen zur Kirche von Bruder Klaus, setzen uns auf die Bank vor seiner Klause und lauschen eine Weile dem Gesang der Melchaa. »Die Klänge sind noch immer gleich schön, als ob sie keine Zeit kennen«, sagt Doris. »Es gibt Orte, da steht jede Zeit still. Immer, wenn ich auf dieser Bank sitze, überkommt mich diese Atmosphäre der Zeitlosigkeit. Wir haben doch auch einen zeitlosen Anteil in uns. Wie alt bist du, Doris?«, frage ich. Sie blickt mich seltsam an und antwortet: »Vor 555 Jahren bin ich geboren. Du darfst darüber staunen, aber die Zeit ist seit Urbeginn relativ. Ist dir *nicht aufgefallen, dass dir der Weg zur Klause hierher unbekannt bekannt ist? Wo ist die Schulanlage geblieben, an der wir vorbeigingen? Vor 500 Jahren waren dort kein Gebäude, aber einen Weg gab es bereits. Hast du auch bemerkt, als wir abgestiegen sind, dass der Weg in die Ranftschlucht rechts und links mit großen Waldbäumen bestanden ist?« Ich blicke Doris leicht befremdet an und schaue zurück. Tatsächlich wächst rechts und links vom Weg in die Tiefe ein üppiger Wald mit viel Gestrüpp entlang des Weges. Wie konnte ich dies nur übersehen …*

Das Kind hört gespannt der Bemerkung von Doris zu und fragt: »Mama, wohin ist die Schule und das Gemeindehaus verschwunden, wer hat es weggezaubert?« »Weißt du, Kind, die Zeit!« »Wer hat die Zeit gemacht? Ich will in die Schule und auch etwas lernen!« »Beruhige dich, Kleiner, auch du darfst etwas lernen; du hast noch lange Zeit!« »Aber Mami, sage mir: Was ist die Zeit, was macht sie?« »Das kann dir Franz-Xaver sicher besser erklären.« Doris zwinkert mir zu, und ich versuche, eine kindgemäße Antwort zu finden (was gar nicht so einfach ist). »Schau, das ist so: Wenn es keine Zeit gibt, dann ist Morgen, Mittag und Abend immer jetzt; dann gibt es kein Gestern und Morgen, alles ist im gleichen Augenblick, auch Frühling, Sommer, Herbst und Winter erlebst du ohne Unterschied jetzt. Wenn du denkst: ›Jetzt gehe ich mit Mama zur Melchaa in den Ranft‹, bist du schon dort.« »Das ist geil, dann könnte ich immer mit der Anna spielen, vielleicht ist es auch langweilig, wenn immer alles jetzt ist …« »Vielleicht hat Gott die Zeit gemacht, damit es uns nicht langweilig wird?«, meinte Doris, dem Kind zugewandt. »Dann muss es Gott wohl langweilig gewesen sein, wenn immer alles gleichzeitig war, sonst hätte er die Zeit nicht geschaffen«, meinte der Kleine. »Mami, komm, wir gehen jetzt weiter zur Melchaa-Grotte; diese willst du doch Franz-Xaver zeigen.« Doris seufzt leise und bittet mich, ihr zu folgen. Der Kleine springt voraus, als ob er den Weg kennen würde und schon oft dort gewesen wäre. An der Marienkapelle führt ein Feldweg vorbei, hinein in den Wald, flussaufwärts der Melchaa entlang. Auch dieser Flussteil kommt mir bekannt vor, ich kann mich aber nicht an einen Feldweg erinnern.

Vor zehn Jahren bin ich öfters zu einem großen Stein im Flussbett der Melchaa gewatet. Er befindet sich ca. zehn Minuten von der Marienkapelle entfernt inmitten des Bachbettes vor einer großen Felswand. Diese erlebte ich stets als ein wenig unheimlich, leicht drohend. Das Rauschen des Wassers ist an diesem Ort besonders intensiv, als ob es von einer zusätzlichen Quelle aus dem Felsen gespeist würde. Dennoch habe ich mich jeweils auf den Stein gesetzt und dort für den Frieden in der Schweiz und in den Krisengebieten dieser Erde meditiert. Einmal hatte ich aber Lust, den Felsen, der mich fast magisch anzog, näher zu erkunden. Es war nicht einfach, bei ihm anzukommen, denn der Weg war ja weggeschwemmt, auf dem ich jetzt mit Doris gehe. Ich bemerkte sehr schnell, dass die Wassertiefe entlang des Felsens sehr unterschiedlich ist und ich mich vorsichtig bewegen musste, um nicht im Bachbett abzusacken.

An einer Stelle entdeckte ich eine leichte Wölbung im Felsen, die mich an einen verschütteten Eingang erinnerte. Mit Mühe begann ich einige Steinbrocken wegzuschaffen, da ich ja keine Werkzeuge bei mir hatte. Meine »archäologischen Grabungen« wurden aber jäh unterbrochen. Ein Unbekannter warf vom Abhang des gegenüberliegenden Ufers Steine nach mir und rief mir zu, ich solle von diesem Ort sofort verschwinden, es sei ein verwunschener Ort und nicht für Fremde bestimmt. Obwohl ich beteuerte, ich sei ein Einheimischer, warf er weiterhin Steine nach mir, bis ich mich auf meinen Stein zurückzog und dort in Deckung ging, wodurch ich vollkommen nass wurde.

»Du bist ja ganz in Gedanken verloren«, weckt mich Doris aus meinen Erinnerungen, »und schaust sehr besorgt in die Umgebung!« Ich erzähle ihr etwas von meinem Erlebnis vor gut zehn Jahren. Sie sagt nur: »Du bist nicht der Erste, der diese Erfahrung an diesem Ort macht. Mein Mann war oft dort und wurde auch mit Steinen beworfen.« Ich merke, wie eine große Trauer in mir aufsteigt, und sage: »Willst du mir nicht mehr dazu erzählen, geht es allen so, die dort um Frieden beten?« Doris antwortet: »Gott weiß! Vielleicht werde ich dir später mehr davon berichten. Komm, wir müssen uns beeilen. Der Kleine ist schon fast angekommen, und ich will nicht, dass nach ihm auch Steine fliegen.« Tatsächlich führt der Feldweg zu

und entlang dem Felsen, den ich kenne, obwohl jetzt die Gegend anders auf mich wirkt. »Johannes, wo hast du dich versteckt?« Jetzt weiß ich endlich, wie der Kleine heißt, denke ich bei mir. »Zeig, wo du dich verbirgst! Oder bist du ins Wasser gefallen?«, dopple ich nach. »Bä, da bin ich!«, tönt es aus einer Einbuchtung des Felsens. »Komm nur herein, aber es ist ganz finster! – Mami, hast du Kerzen mitgenommen? Sonst ist es ein bisschen unheimlich hier drinnen!« Doris kommt nach und entzündet am Eingang drei Kerzen; eine gibt sie Johannes, eine mir und eine behält sie für sich. Dann heißt sie mich in den Raum einzutreten. Johannes geht mit seinem Licht an einer Wand entlang, Doris und ich folgen ihm. Aus der Tiefe rauscht es ziemlich laut. »Bleib stehen, Franz-Xaver, sonst wirst du wieder ganz nass!«, ruft mir Doris zu. Aus einer Felsenritze spritzt Wasser. »Das ist reines Quellwasser! Schau, Johannes ist schon am Schlürfen. Du kannst es auch kosten. Es schmeckt kühl und hat heilende Wirkung.« Tatsächlich sind wir in einer Grotte angekommen, die sich in den Felsen hinein öffnet und in eine niedere Felsenhöhle ausläuft. Von außen ist sie kaum sichtbar wegen der Sträucher, die am Fuß des Felsens durcheinanderwachsen. Das spärliche Licht unserer Kerzen zeigt feuchte Wände, von denen Wassertropfen fallen. Doris bewegt sich in eine bestimmte Richtung und lädt mich ein, ihr zu folgen. Wir gelangen nach ca. fünf Metern zu einer Steinbank, auf die wir uns hinsetzen. Doris weist nach oben, wo durch eine Felsenritze ganz spärlich Tageslicht hereinleuchtet. Ein Strahl trifft genau die Bank, auf der wir sitzen. Johannes kommt zu uns und fragt: »Mama, hast du einen Apfel und ein Stück Brot? Ich habe Hunger!« »Du hast doch einen Apfel in deiner Hosentasche!« »Den habe ich zur Reserve, damit ich später auf dem Heimweg nicht verhungere«, antwortet der Kleine. »Du bist ein Lausbub! Ich habe nur noch zwei Äpfel; wir werden sie mit Franz-Xaver teilen!«, sagt Doris. »Der kann ja auch fasten wie mein Papi«, meint Johannes. »Es sind nicht alle Männer so wie dein Papi«, besänftigt Doris Johannes.

Wir sitzen zusammen auf dieser Steinbank, und Doris verteilt Brot und Äpfel. Aus einem Becher trinken wir Wasser aus der Felsenritze. Dann erzählt mir Doris: »Weißt du, Bruder Klaus hat sich oft an diesem Ort verborgen, wenn er müde von den Pilgern war. Die Leute glaubten dann, er sei zu Bruder Ulrich gegangen, um mit ihm über Gott und die Welt zu sprechen und gemeinsam zu beten. Aber er war in dieser Grotte, und nur wenige Personen wussten davon, die aber ihm zuliebe geschwiegen haben. Ein eifersüchtiger Nachbar der Familie von Flüe hat manchmal Steine nach ihm geworfen, wenn er auf dem Weg hierher spazierte. Vielleicht war es auch der Teufel, ich weiß es nicht. Nach seinem Tod geriet der Ort wieder in Vergessenheit, weil ja die Menschen zu seiner Klause pilgerten. Erst in den letzten zwanzig Jahren des 20. Jahrhunderts hat eine kleine Gruppe von Pendlern wieder nach diesem Ort gesucht, ihn aber bis heute nicht gefunden.« »Das ist gut so«, erwidert der kleine Johannes, »ich habe hier ein kleines Schatzkästchen versteckt. Das wissen nur Mama und ich. Dir kann ich es ja auch sagen, weil du es ohne mich sicher nicht findest.« Doris lächelt mir kurz zu im Schein des Kerzenlichtes und deutet auf die gegenüberliegende Wand. Dort erblicke ich das Meditationsrad von Bruder Klaus. Es ist in die Wand eingeritzt, im Kerzenlicht kaum sichtbar. Doris sagt: »Es ist Zeit für uns zurückzukehren. Komm, Johannes!« Wir treten wieder aus der Grotte und erreichen nach fünfzehn Minuten die Marienkapelle. Dort will Johannes noch ein Lied singen gehen. Doris ist einverstanden. Niemand ist in der Kapelle, und ich wundere mich über die klaren Bilder an den Wänden. Johannes singt mit seiner hellen Bubenstimme:

»Maria, breit den Mantel aus!
Mach Schirm und Schild für uns daraus.
Lass uns darunter sicher stehn,
bis alle Stürm vorübergehn.
Patronin voller Güte uns allezeit behüte.«

Auch Doris und ich stimmen in das Lied ein.

Doch dann singe ich plötzlich alleine, wache ein wenig verwirrt von meinem Mittagsschlaf auf und frage mich noch leicht benommen: Warum werden Orte des Friedens mit Steinen beworfen? Eigentlich wollte ich ja meinen obligaten Mittagsspaziergang machen. Nun habe ich verschlafen und keine Zeit mehr für den beabsichtigten Rundgang. Schnell schreibe ich einige Stichworte meines Traumes auf und wundere mich erneut über ein kurzes Gespräch mit Herrn Barmet vor einigen Wochen. Er sagte mir damals, es gebe noch einen Ort in der Melchaaschlucht, an den sich Bruder Klaus oft zurückgezogen habe, der aber bisher verborgen blieb; obwohl dieser von einigen Radiästheten seit Jahren gesucht werde, sei er bisher noch nicht genau entdeckt worden. Ich beschließe, diesen Traum Herrn Barmet zu erzählen. Was meinte er wohl mit »nicht genau entdeckt«? Hat er vielleicht eine Spur gefunden? Leider verstarb er kurz danach und ich konnte nicht mehr mit ihm darüber sprechen.

Es ist historisch belegt, dass Bruder Klaus sich Zeiten gönnte, in denen er sich, unbehelligt von den vielen Ratsuchenden, der Meditation und dem Gebet widmete. Jeder Mensch braucht solche Auszeiten, um immer wieder neu dem Frieden des eigenen Herzens zu begegnen. »Friede ist allweg in Gott, denn Gott ist der Fried«, betont und ruft uns Bruder Klaus zu. Dennoch bleibt Friede auch besonders in der heutigen Zeit ein hintergründiges, göttliches Geheimnis, in dessen Dienst wir uns stellen können – oder nicht.

Traum 2: Die »Schulreise« einiger WEF-Teilnehmenden

Im Traum bin ich als Stiftungsrat der Gerling-Akademie für Risikoforschung zur WEF-Tagung in Davos eingeladen worden. Aber in meinem Traum findet diese im Hotel »Pax Montana« in Flüeli-Ranft statt.

Es ist viel Aufregung in Flüeli-Ranft, weil die Teilnehmenden des WEF per Helikopter eintreffen. Mit Polizei und Militär ist das Dorf fast hermetisch mit Schutzzäunen aus Stacheldraht abgeriegelt. Ich sage zu Alois Spichtig, der mit mir vom VIA CORDIS-Haus St. Dorothea aus das ganze Spektakel beobachtet: »Das ist ja wie in der Brunnenvision von Bruder Klaus, in der jeder um seinen Platz einen Zaun baute, um sich gründlich abzugrenzen.« Erschwerend ist, dass zu diesem Anlass auch der schweizerische Bundesrat persönlich erscheinen soll. Dieser trifft aber nicht mit einem Helikopter, sondern mit einem Zeppelin ein.

Bei einem Tor, das in den Zaun eingebaut ist, warte ich auf eine Delegation des WEF. Ich soll ihr zusammen mit Alois Spichtig (ein verstorbener

Bildhauer) einige Informationen zu Bruder Klaus bei seiner Zelle geben, in Begleitung der Schweizer Regierung, die mir mit einigen erlauchten Gästen zuwinkt. Unter diesen sehe ich auch Angela Merkel, Gaddafi, Obama, Napoleon, Indira Gandhi, Mugabe, Netanjahu, König Abdulla und andere. Ich wundere mich, dass auch verstorbene Personen dabei sind. Schwerbewaffnete Bodyguards begleiten sie. Als wir bei der ersten Rechtskurve auf dem Weg in den Ranft ankommen, werden wir von weißgekleideten unbewaffneten Wächtern angehalten. Sie erklären, dass sie den Schutz der Delegation ab sofort übernehmen, und schicken die Bodyguards ins Hotel zurück. Sie dulden keine Widerrede, auch nicht von den Regierungsleuten. Wie von einem Bannstrahl getroffen, entfernen sich die Bewaffneten. Beim weiteren Abstieg herrscht betretenes Schweigen, was Alois und mir durchaus entspricht. Wir erreichen die Melchaa. Da ist aber keine Kapelle und auch keine Zelle, nur ein Wegweiser. Vom Bundesrat kommen strafende Blicke in unsere Richtung. Eine Bäuerin in einem schlichten Hirtengewand »rettet« uns beide. Sie schaut interessiert auf die ganze Gruppe dieser elegant gekleideten Personen und sagt: »Ihr sucht sicher die Friedensquelle, ich zeige euch den Weg zu ihrem Ort!« Doris Leuthard geht auf sie zu, wechselt einige Worte mit ihr und bedankt sich leutselig. Die Bäuerin nickt auch Alois und mir zu und ruft: »Geht nur weiter, Alois und du, ihr kennt ja den Weg!« In einer Entfernung von ca. 800 Metern sehe ich den Turm der Bruder Klaus Kapelle nach einer Linksbiegung des Weges. Einige der Herren und Damen folgen uns nur mit Murren. Sie meinen, sie hätten Gescheiteres zu tun, als an der Melchaa zu spazieren. Die Wächter im weißen Anzug verbreiten Autorität und Sicherheit. Sie lassen sich nicht beirren und gestatten auch niemandem umzukehren. Als wir bei der versetzten Kapelle ankommen, bilden sie einen weiten Ring um uns wie einen lebenden, undurchdringlichen Zaun. Eine Frau in einem einfachen langen, grünen Rock empfängt uns und sagt: »Heute habe ich Dienst in der Kapelle und im Raum der Quelle. Ihr könnt mir folgen.« Beim Altar ertönt ein gewaltiges Rauschen, das viel lauter ist als die Melchaa vor der Kapelle. Das erschrickt einige Teilnehmenden der Delegation. Sie versuchen, die Kapelle sofort zu verlassen. Die weißen Wächter hindern sie konsequent daran. Der Bundesrat beobachtet dieses Verhalten mit einem bestimmten Vergnügen.

Auf der linken Seite des Altars befindet sich eine Schranktüre. Das ist aber nur eine Tarnung für einen Eingang, der in einen Felssaal von der Größe eines Fußballfeldes führt. Aus vier Öffnungen in den runden Wänden fließen vier unterschiedliche Ströme in gewaltige Becken: Goldpartikel, Silberpartikel, Speiseöl und Dinkel. In der Mitte des Raumes sprudelt eine klare Wasserquelle, deren Fluss durch eine Öffnung in der Wand verschwindet. Ein Raunen geht durch den Kreis der Anwesenden. Einige trinken mit der hohlen Hand vom Wasser, andere greifen nach den Gold- oder Silberpartikeln. Sie betrachten sich gegenseitig völlig konsterniert. Die Frau im grünen Kleid sagt in hellem Obwaldnerdialekt: »Nehmt ein Andenken mit und vergesst diesen Ort nie mehr!« Doris Leuthard übersetzt es auf Englisch und Französisch. Die Meisten greifen nach Gold- und Silberpartikeln, die wenigsten nach Dinkelkörnern. Ein Grollen im Berg ertönt, sodass die Anwesenden deutlich erschrecken. Eine Stimme aus der Tiefe des Saales sagt: »Ihr seid verantwortlich, dass alle Güter der Erde gleichmäßig verteilt werden und sich niemand bereichert, damit endlich Frieden wird auf dieser Erde. Vergesst nicht, das ist und bleibt eure Aufgabe; das gilt besonders auch für das reichste Land dieser Erde: die Schweiz! Das Andenken an diesen Ort möge euch stets daran erinnern.«

Dann öffnet sich die Decke des Saales. Eine Art Wirbelsturm fährt in den Raum, ergreift jede Person der Gruppe und wirbelt sie hinauf auf den Vorplatz des Hotels »Pax Montana«. Danach schließt sich die Decke wieder. Alois und ich finden uns jetzt in der »normalen« Kapelle mit dem Häuschen von Bruder Klaus wieder. Die Frau im grünen Kleid geht durch die Tür rechts vorne vor dem Altar, winkt uns zu und entfernt sich Richtung Marienkapelle. Auf der Bank liegt neben uns ein Liederblatt mit dem Text und der Melodie: »Friede ist allweg in Gott, denn Gott ist der Fried ...« Alois sagt leise zu mir: »Hoffentlich vergessen die werten Damen und Herren nicht, was jetzt ihre Aufgabe ist.« Ich nicke ihm zu und erwidere: »Und unsere, Alois?« Er schaut mich vielsagend an. Da sehe ich auf der Frontseite des Altars das Meditationsrad von Bruder Klaus. Ich habe es noch nie dort gesehen und weiß ganz klar: Das ist die Gabe an uns und unsere Aufgabe.

Dann erwache ich ziemlich verwirrt und weiß vorerst nicht, ob ich in der Ranftkapelle oder in meinem Bett bin. Als ich mich einigermaßen erholt habe, überfallen mich zahllose Gedanken und Impulse zur Frage: Was ist die Aufgabe des VIA CORDIS-Vereins mit seinem Haus in Flüeli-Ranft und all der vielen Menschen, die sich der Weggemeinschaft VIA CORDIS zugehörig fühlen? Gleichzeitig sehe ich wieder das Meditationsrad von Bruder Klaus vor meinem inneren Auge und weiß: Die Werke der Barmherzigkeit sind der zentrale Leitfaden für die VIA CORDIS-Menschen in einer »nachhaltigen« Sprache der heutigen Zeit mit neuen Akzenten für den eigenen Weg und die Mitverantwortung für Gerechtigkeit, Frieden und Erhaltung der Schöpfung. Das Rauschen der Halle im Abhang der Melchaaschlucht tönt bis heute weiter in meinen Ohren, unabhängig davon, ob es mir passt oder nicht. Die gängige Diagnose heißt einfach: Jetzt hat ihn eine Tinitusepisode infolge von Überarbeitung erwischt. (Irren ist bekanntlich menschlich ...)

Traum 3: Die Tür im Felsen hinter dem Altar

Eine erste leibhaftige Begegnung mit Bruder Klaus hatte ich in meiner frühen Kinderzeit. Mein Patenonkel lud mich mit meinem Vater zu einem Besuch nach Sachseln und Flüeli-Ranft ein. Ich hatte damals schon viel von diesem Nationalheiligen gehört. Irgendwo sei auch noch sein Schwert aufbewahrt, mit dem er im Zürichkrieg auf der Seite der Innerschweizer gekämpft habe, erzählte man mir, was mich als Kind sehr beeindruckte. Ich hoffte natürlich, dass wir dieses Schwert auch sehen würden im Museum zu Sachseln. Als wir dort mit dem Auto eintrafen, war mir speiübel von der Fahrt. Mein Patenonkel beschloss, mit mir nach Flüeli-Ranft zu spazieren, damit ich genügend frische Luft bekam. In der Kirche von Sachseln beeindruckten mich der Sarkophag mit dem silbernen, liegenden Heiligen und rechts davon beim Seitenaltar sein Rock im Glasschrank. Ich fragte meinen Vater, ob dieses Kleid nach 500 Jahren noch nicht von den Motten zerfressen sei. Mein Onkel erwiderte, dass Kleider von Heiligen von solchen Viechern in Ruhe gelassen würden, was ich nicht so richtig glauben konnte. Noch ziemlich bleich spazierte ich mit meinem Onkel den Stationenweg aufwärts nach Flüeli-Ranft, während mein Vater mit dem Auto nachfuhr. Auf der Anhöhe, wo ein Waldweg zum Freilichtaltar unterhalb der Kirche von Flüeli-Ranft führt, befindet sich hinter dem Altar auf einer leichten Anhöhe eine überlebensgroße Statue des segnenden Bruder Klaus. Als diese auf unserem Weg zur Kirche plötzlich durch die Bäume des Waldes sichtbar wurde, erschrak ich als kleiner Knirps ziemlich, schien er doch im Sarkophag eher von kleiner Statur gewesen zu sein. Ich fragte meinen Patenonkel: »Ist Bruder Klaus wirklich ein so großer Riese gewesen?« Er antwortete: »Klaus ist ein beeindruckend großer Mann gewesen, aber nicht so groß wie diese Statue.« Damit war mein Wissensdrang vorläufig gestillt. »Ein richtiges Schwert gehört auch zu einem großen Mann«, dachte ich, empfand aber eine gewisse Scheu vor diesem Heiligen hinter dem Altar, der doch so völlig anders wirkte als jener in der Kirche von Sachseln.

In der Nacht nach dieser Wallfahrt erwachte ich aus dem folgenden Traum, der mich bis heute beeindruckt:

Ich bin mit meinem jüngeren Bruder wieder auf diesem Waldweg zum Freilichtaltar unter der Flüeli-Ranft-Kirche. Von ferne sehe ich die große Statue von Bruder Klaus. Plötzlich wird sie lebendig, steigt von ihrem Sockel herunter, geht am Altar vorbei und rennt den Waldweg hinab, mir entgegen. Ich erstarre beinahe vor Schreck. Kurz vor mir hält der Heilige an und fragt mich: »Willst du mit mir kommen? Ich werde dir etwas zeigen!« Das erstaunt mich sehr. Er hat jetzt eine normale Größe, sodass er sogar in den Rock, der im Glasschrank der Sachsler Kirche aufbewahrt ist, passen würde.

Ich zögere ein wenig, gewinne aber Vertrauen, und er nimmt mich an der Hand. Er geht mit mir den Waldweg entlang bis zum Freilichtaltar und führt mich hinter diesen. Dort gibt es eine steinerne Tür, die in den Felsen hineinführt. Er sagt zu mir: »Schau, hinter dieser Türe wirst du etwas für dich finden. Ich kann sie dir öffnen!« Er geht auf die Tür zu, öffnet sie mir und ist verschwunden. Als ich aufblicke, steht er wieder auf dem Sockel und lächelt mir zu.

Als ich aufwachte, wunderte ich mich, dass ich in meinem Bett lag. Ich konnte aber nicht mehr einschlafen, weil ich Bruder Klaus immer wieder auf mich zuspringen sah. Später ärgerte ich mich, dass ich aufgewacht war, bevor ich durch die Tür hinter dem Altar eingetreten war. In den vergangenen fünfundsechzig Jahren hat mir der Eremit aus dem Ranft sehr viel gezeigt und mir eine Fülle von Zusammenhängen seines »Buches, das ihn alles gelehrt hat«, Schritt um Schritt erschlossen. Noch immer werde ich von diesem überrascht, und ich lerne weiter.

»Was suchst du auf dem Athos, dein Starez lebt in der Melchaaschlucht von Flüeli-Ranft!«

In meiner Auseinandersetzung mit Niklaus von Flüe und seiner Frau Dorothea sind mir viele Einsichten zugewachsen, was ein kontemplativer Weg im Alltag bedeutet, das heißt, was es bedeutet, aus der Stille aktiv zu werden. Immer wieder taucht vor meinem inneren Auge sein Meditationsmandala auf (vgl. das Hungertuch von Misereor und vom schweizerischen Fastenopfer) und fordert von mir eine Stellungnahme zu den Fragen und Problemen der aktuellen Zeit. Weil ich meine persönliche Spiritualität, die vom Herzensgebet getragen ist, genauer überprüfen wollte, habe ich auch drei Mal eine längere Zeit auf dem heiligen Berg Athos verbracht, um für meinen Weg Klarheit zu finden. Beim dritten Mal sagt mir dort ein Alter (Starez und Lehrer des Hesychasmus beziehungsweise des Herzensgebetes): »Was kommst du auf den Athos? Dein Athos ist in der Schweiz, in Flüeli-Ranft. Dort lebt dein Lehrer, Bruder Klaus! Sein Gebet und seine Meditationsikone wird dich alles lehren. Wir auf dem Athos anerkennen ihn als Starez. Hier auf dem Athos kannst du nicht mehr lernen als dort in der Ranftschlucht.« Er segnete mich und schickte mich zurück in die Schweiz. Seither bin ich weiterhin in der Lehre bei Niklaus von Flüe und seiner Frau Dorothea, denn sein Weg wäre undenkbar gewesen ohne die Durchhaltekraft seiner Frau.

Die Ermahnung meines Lehrers auf dem Athos spricht für sich und auch die Botschaft der einzelnen Traumbilder, auf die ich nicht weiter eingehen werde. Es ist mir ein Anliegen, einige Betrachtungen zu meiner Auseinandersetzung mit Bruder Klaus anzuschließen, die mir in der Begegnung mit seiner Lebensgeschichte und mit meinen Träumen besonders wichtig geworden sind. Erst in der Begegnung wächst Beziehung. Die Berührung, die dabei entstehen kann, verbreitet eine Atmosphäre von Vertrautheit oder Distanz; ich erlebe sie als Vertrautheit.

Das Gespräch im Ranft entfaltet sich

In der Bitte von Bruder Klaus: »Nimm mich mir und gib mich ganz zu eigen Dir!« leuchtet uns ein Lebensprogramm entgegen, das eng mit der Sinnfrage menschlicher Existenz verknüpft ist. Was hindert und was fördert das eigene Dasein, um das »einig Wesen« mit dem Urgrund des Lebens zu erfahren, um nur noch aus dieser Quelle zu leben? Jeder Mensch stellt sich öfters die Frage nach dem Sinn und der persönlichen Vernetzung seines Lebens in seiner konkreten Existenz. Vielleicht kommen wir in solchen Fragen der Spur näher, wie sich das göttliche Geheimnis im eigenen Leben offenbart. Die Berührung, die dabei geschieht, fordert zu einer Antwort heraus. Es gibt nie *die* Antwort, sondern nur immer meine oder deine Antwort. In einer Weggemeinschaft gleichen sich manchmal die Antworten, die gegeben werden. Begeisterung lässt auch nachahmen. Doch sind Nachahmungen noch keine persönlichen Erfahrungen. Sie werden erst dazu, wenn sie zum inneren Erlebnis geworden sind. Wir leben in einer Zeit der Beeindruckung von außen. Eine Flut von äußeren Bildern versucht sich mit dem seelischen Potenzial eines jeden Menschen zu verbinden, um ihn in eine bestimmte Richtung zu beeinflussen oder zu bewegen. Wer mit größerer Überzeugungskraft begeistern kann, gewinnt mehr Anhängerinnen und Anhänger. Aber sind diese schon Erfahrene oder einfach Menschen, die sich an eine Person oder Botschaft an-hängen, weil in ihnen etwas berührt wird, was sie so noch gar nicht formulieren können?

Wie ist der Rabbi Jeschua mit seinen Vertrauten umgegangen, die ihm begeistert nachgeeifert haben? »Wer meinen Weg gehen will (mir nachfolgen will), sage sich von sich selbst los, nehme das eigene Kreuz auf sich und folge mir nach!« (Vgl. Mt 16,24) In solcher Anweisung findet sich nichts von Selbstidealisierung, sondern sie verweist auf eine nüchterne Realität: »Nimm wahr, wo und wie du ausgespannt bist in die Gegensätze deines Lebens, stehe dazu und werde dabei von deinen Wurzeln her authentisch. In dieser Eigenständigkeit gehe den Weg mit mir!« Er fährt fort: »Wer das eigene Leben retten will, wird es verlieren. Wer das eigene Leben um meinetwillen verliert, wird es finden.« (Vgl. Mt 16,25) Hier werden wir an eine Grunderfahrung der jüdischen mystischen Tradition verwiesen. Das »eigene Leben« ist das egobesetzte Leben, das sich vom göttlichen Lebenshauch entfernt, sich isoliert in einen Teilaspekt der Lebensfülle. Diese vermeintliche Fülle lässt sich nicht mehr retten angesichts der Fülle des göttlichen Reichtums, der in der Gegenwart Jeschuas offenbar wird. Diese Teilfülle versinkt im Reichtum Gottes, sobald sich der Mensch bewusst wird: »Das Reich Gottes ist in mir!«, so, wie es auch in Jesus offenbar wird. In diesem »Jesus-Bewusstsein« wird der Jesus-Begeisterte des göttlichen Lebenshauches in seiner eigenen Existenz auf neue Weise inne, das heißt die Wirklichkeit, Gott rettet, Gott wendet sich mir heilvoll zu, wird ein persönliches Erlebnis. So konnte auch Bruder Klaus immer wieder sagen: »Der Name Jesu sei euer Gruß!« Wie sich ein Mensch in diesem Namen gegrüßt erlebt, lässt sich nie dogmatisch verallgemeinern, bleibt stets ein individuelles Berührtsein.

In den gegenwärtigen religiösen Auseinandersetzungen innerhalb der eigenen und der fremden religiösen Systeme ist dieses persönliche Berührtsein von »Glaubens«-Inhalten, besonders aus den heiligen Schriften, die größte Herausforderung für die unterschiedlichen religiösen Institutionen. Im Namen der sogenannten religiösen Wahrheit und ihrer Werte werden auch heute noch die grausamsten Kriege geführt oder wird menschenverachtende, inquisitorische Macht ausgeübt (natürlich immer nur in den anderen Religionen, nie in der eigenen ...). Dabei hat jede Glaubenstradition so etwas wie einen ethischen Ehrenkodex, der als heilvoller Maß-Stab für jedes persönliche und gemeinschaftliche Handeln wegweisend ist, also Kriterien, die sich seit Hunderten von Jahren in den unterschiedlichsten Situationen der spirituellen Bemühungen bewährt haben, zum Beispiel: »Liebe die Nächste, den Nächsten, sie oder er ist wie du!« Dazu zählen auch die Werke der Barmherzigkeit oder die Seligpreisungen oder der Leitfaden, wie er in 1 Kor 13,1ff im Hohelied der Liebe entfaltet wird, und so weiter. Darin erkenne ich archetypische Grundmuster für eine wertschätzende und liebevolle Beziehungsebene, wie sie uns besonders in der jüdischen und christlichen Tradition entgegenstrahlt, aber auch in den anderen religiösen Bekenntnissen ihre Entsprechung hat.

Genau bei solchen Fragen beginnt das Zwiegespräch mit Bruder Klaus neu: »Was hindert oder fördert mich ganz persönlich, in der Einheit mit dem göttlichen Geheimnis heimisch zu werden?«

Betrachten wir das Leben von Bruder Klaus, so gibt es einige Fixpunkte, die auffallen und in der personalen Beziehung zu Gott auch heute noch ihre zentrale Bedeutung haben. Sein Meditationsmandala (das Radbild) wird dabei stets Wegweiser sein, damit die innere Ausrichtung in der Begrenzung von Raum und Zeit nicht verloren geht. Es ist ja auch sein »Buch« gewesen, das ihn alles gelehrt hat. Es handelt sich um Grunderfahrungen, die im spirituellen Erleben allgemeine Gültigkeit besitzen und als Kennzeichen in jeder religiösen Berührung ihre Bedeutung haben. Es lassen sich die folgenden Akzente wahrnehmen:

Jede spirituell suchende Person (Mystiker, Mystikerin) sucht das *»einig Wesen«* (Bruder Klaus), das heißt hat Sehnsucht nach der Einheit mit dem Ur- oder Quellgrund des Lebens. Das Gebet: »Nimm mich mir und gib mich ganz zu eigen dir!« begleitet Bruder Klaus sein ganzes Leben. Ein anderer Mystiker, Meister Eckhart, bekennt: »Gott und ich, wir sind eins, Gott wirkt und ich werde!« Diese Erfahrung kann niemand aus seiner Ego-Kraft machen. Sie ist Geschenk. Der »Boden« dafür wird in einem ständigen Klärungs- und Reinigungsprozess bereitet. Diese *via purgativa ist* ein *kontinuierlicher Prozess der Wandlung*. Stets ist die gleiche Frage im Vordergrund: Diene ich mit meinem Leben der Fülle und Schönheit meiner Gottebenbildlichkeit, oder wo verneble ich dieses Urbild der vollendeten Schönheit, das ich von Anfang an bin? (Vgl. Gregor von Nyssa)

Dieser Wandlungsprozess geschieht am *Ort des Alltaglebens*, ob dies in einer Großstadt oder in einer abgelegenen Einsiedelei stattfindet. Oft verstreicht eine gewisse Zeit, bis der suchende Mensch seinen festen Platz findet. »Zieh weg aus deinem Land, von deiner Verwandtschaft und von deinem Vaterhaus, in das Land, das ich dir zeigen werde«, sagt Adonai zu Abraham (vgl. Gen 12,1). Nach fünfzig Jahren Kontinuität in der Flüeli-Ranft-Beheimatung glaubte auch Bruder Klaus, er müsse einen besseren Ort für seine spirituelle Berufung finden, und wurde wieder dahin zurückgeführt, wo sein Wirkungsort sein sollte und auch von Anfang an war (er wollte zu den Gottesfreunden im Elsass). Der Ort, wo unsere spirituelle Vertiefungstätigkeit geschehen soll, hat oft eine symbolische Bedeutung, die meistens erst später in ihrer Tragweite erkannt wird.

Bei Bruder Klaus fällt auf, dass er in den verschiedensten Lebensbereichen eines damals angesehenen Mannes tätig geworden ist. Er hat sich der Aufgabe für die Gemeinschaft weder in der Politik noch in seiner Guten-Rat-Funktion entzogen. Er sorgte so lange für seine eigene Familie, bis einer seiner Söhne den landwirtschaftlichen Betrieb übernehmen konnte. Auch nach seinem Rückzug in die Ranftschlucht blieb er in Kontakt mit seiner Familie. Einerseits war es für ihn zentral wichtig, die ganz persönliche Berufung und Gottesbeziehung zu leben, anderseits hat er sich der *konkreten Verantwortung* der Einbindung in seine Umwelt gestellt.

Auch Bruder Klaus musste durch alle Höhen und Tiefen der Entscheidungsfindung, um seine *Berufung leben* zu können. Sie war mit Erfahrungen von innerer Unruhe, Depressionen und an Verzweiflung grenzender Unsicherheit verbunden. Nachdem er dies alles durchgestanden hatte (immer wieder neu getragen von seinem Mantra beziehungsweise von seinem Stoßgebet: »O min Herre und Gott, nimm alles von mir, was mich hindert zu dir ...«), fand er den Frieden seines Herzens in der klangvollen Stille der Ranftschlucht. Frieden erstrahlt im Urgrund des Lebens.

Als dieser Prozess der Selbstwerdung in seinem inneren Klärungsweg vollendet war, wurde Bruder Klaus zum Anlaufpunkt von zahllosen Menschen aller Bevölkerungsschichten. Das Geheimnis des Gottesnamens »Jeschua« leuchtete durch ihn hindurch. Er musste nicht argumentieren, wenn er sagte: »Der Name Jesu sei euer Gruß!« Die *Geistinspiration*, die ihn erfüllte, wurde immer wieder zur Animation der suchenden Menschen, die zu ihm kamen.

Die *Visionen*, welche Bruder Klaus im Lauf seines Lebens an zentralen Punkten seines spirituellen Weges geschenkt wurden, erweisen sich auch in den kommenden Jahrhunderten bis in die heutige Zeit *als Wegweiser* und Inspiration für spirituell suchende Menschen. Einige seiner Visionen bergen in sich eine prophetische Schau. Ich lade Sie ein, wieder einmal seine Brunnenvision zu betrachten. Machen Sie sich anschließend einige Gedanken zur gegenwärtigen Finanz- und Wirtschaftskrise. Bei diesen inneren Schauungen werden bestimmte Erfahrungen jedes religiösen Weges akzentuiert, die ihre Bedeutung durch die Jahrhunderte bewahrt und bewahrheitet haben.

Das Vorbild des Lebens von Bruder Klaus lockte schon zu seiner Lebenszeit Tausende suchender Menschen in seine Umgebung. Der Ort ist geprägt von seiner Atmosphäre und auch von jenen, die sich in seinem Sinn dem Frieden des eigenen Herzens geöffnet und so das Eingangstor in das göttliche Geheimnis gefunden haben. Dadurch wird ein Ort zu einem *Kraftort*, der immer neue Menschen zur Umkehr in die Kernmitte des eigenen Menschseins animiert (vgl. das Meditationsmandala).

Das Gespräch mit Bruder Klaus kann konkret in der Betrachtung seines Lebens in Gang kommen und wird seine Auswirkungen auf das eigene Leben haben. Zusammenfassend können neben anderen die folgenden Einsichten für uns hilfreich sein:

1. Jeder Mensch verspürt in sich eine Sehnsucht, mit der Quelle des Lebens eins zu sein. Dieses sehnende Suchen strebt nach Erfüllung.

2. Öffnet sich der Mensch dieser inneren Dynamik, die mit seiner seelischen Mitte verbunden ist, setzt ein Wandlungsprozess im Sinn der persönlichen Klärung und Ganzwerdung ein.

3. In diesem Selbstfindungsprozess entdeckt der suchende Mensch, dass es eine umfassende Wirklichkeit gibt, die außerhalb der Begrenzung von Raum und Zeit wirkt.

4. Der Mensch kann sich auf dieses Allumfassende (das göttliche Geheimnis) einlassen und erhält Hinweise für den konkreten Weg in Visionen, Träumen und Inspirationen so wie durch die spirituellen Traditionen, wie sie uns durch Rituale, Symbole und heilige Schriften weiter tradiert werden.

5. Die religiösen (beziehungsweise spirituellen) Einsichten, die das Herz (das heißt die Mitte des Menschen) berühren, suchen ihre Einbettung in den konkreten Alltag des persönlichen Umfeldes, in dem der Mensch lebt. Ein spirituelles Leben will sich in das aktuelle Leben hinein verdichten und nicht in abgehobenen Höhenflügen tanzen.

6. Wenn sich jemand tiefer in dieses Geschehen einlässt, wächst die Erkenntnis: Das Leben des Menschen ist nicht ein Weg zu Gott, in den Urquell des Lebens, sondern immer eine Liebesgeschichte mit Gott.

7. Aus dieser Verbundenheit wächst ein nachhaltiges Verantwortungsbewusstsein für die verschiedenen Belange der Mitmenschen (vgl. Werke der Barmherzigkeit) und für die Natur in ihren unterschiedlichen Erscheinungsformen.

8. Der kontemplative Mensch entdeckt in sich ein ständiges Bedürfnis, in die Stille zu gehen und gleichzeitig aus der Stille aktiv zu werden.

9. Aus dieser Aktivität bilden sich häufig spirituelle Weggemeinschaften, die sich an einem bestimmten Kraftort um ein Vorbild sammeln, weil sie eine ähnliche Dynamik auch in sich entdecken.

10. Eine solche spirituelle Weggemeinschaft hat so lange Bestand, als das persönliche Charisma der einzelnen Mitglieder einander zudient und nicht über die anderen herrscht, denn der spirituelle Mensch rechnet mit einer Wirklichkeit, die hinter der Begrenzung von Raum und Zeit steht und die Bedingungen der Möglichkeit von Existenz gewährleistet. Das gilt auch für alle Ebenen der zeitlichen Begrenztheiten der persönlichen Möglichkeiten eines jeden Menschen und jeglicher Entwicklung, die vom Intellekt dirigiert wird.

Diese zehn Einsichten verdichten sich in das schlichte Symbolbild, das Bruder Klaus sein »Buch« nennt. Er gibt selbst eine Erklärung im Pilgertraktat zu diesem »Buch«, in dem er das Geheimnis von der ungeteilten Gottheit »lerne und suche« (vgl. Roland Gröbli, Die Sehnsucht nach dem »einig Wesen«, Zürich 1990, S. 223). Die Hinweise in den Klammern sind Erklärungen von mir:

»Und er fing an und sagte zu mir: Siehst du diese Figur? So ist das göttliche Wesen. Der Mittelpunkt ist die ungeteilte Gottheit, darin sich alle Heiligen erfreuen. Die drei Spitzen die zum Punkt des inneren Zirkels führen, sind die drei Personen; sie gehen von der einigen Gottheit (innerer Kreis mit dem Punkt) aus und haben umgriffen den Himmel und alle Welt (äußerer Kreis), die sind in ihrer Gewalt (Macht der einigen Gottheit).

Und wie sie von der göttlichen Gewalt (Macht) ausgehen, so führen sie wieder hinein (vom äußeren Kreis der allumfassenden Schöpfung) in den inneren Kreis (der Einheit in Gott), und sind unteilbar in ewiger Macht. Das bedeutet diese Figur.«

Wenn wir dieses Mandala zusammen mit seiner Erklärung ohne jede weitere Kenntnisse über Bruder Klaus betrachten, enthält es eine visionäre Botschaft, die in den betrachtenden Menschen Fragen zurücklässt, zum Denken anregt und die eigenen Sichtweisen über Schöpfungszusammenhänge neu befruchten kann: Welche Beziehung verbindet die sichtbare Schöpfung in all ihren Erscheinungsformen und das Leben

in seiner Fülle mit dem hintergründigen Geheimnis des Ursprungs und dessen Aus- und Einfaltung? Welche Urkraft speist unaufhörlich dieses Geschehen der Transformation und Entwicklung?

Das Meditationsmandala weist auf einen dynamischen Gott hin, dessen Wirkmacht dreifach und doch dreimal einig vom Zentrum ausgeht und zur Mitte zurückkehrt. Es geht um die Drei plus die Eins als Mittelpunkt. Zusammen ergibt dies eine Vierheit. Die Vier ist aber in der Mitte der Drei verborgen. Der Betrachter wird nach innen und nach außen geführt. Die Bewegung wird still, wenn sie in der Mitte auf den Punkt gebracht ist. Und dieser Punkt ist das »einig Wesen«, in dem »der Friede alleweil in Gott« ruht. In dieser allumfassenden Gegenwart des Göttlichen spielt die Zeitdimension eine geringe Rolle. Durch alle Räume hindurch ist das Eine ebenso vollkommen im kleinsten Partikel gegenwärtig wie in der ganzen Schöpfung. Es offenbart sich ein permanentes dynamisches Beziehungsgeschehen zwischen der göttlichen zeugenden und gebärenden Schöpfungskraft und ihrer Sichtbarwerdung in Raum und Zeit. Das »einig Wesen« mit dieser allumfassenden Wirklichkeit der Gottheit wird aber nur hinter allen Erscheinungsformen der Schöpfung erfahrbar, was auch Bruder Klaus sehr wohl wusste und ihn immer wieder neu antrieb, diese Einheit im Tabernakel des eigenen Herzens zu entdecken. Jede und jeder von uns ist zu dieser Erfahrung eingeladen.

Der Weg in diese Erfahrung ist von seiner äußeren Struktur her sehr einfach und menschenfreundlich, von der inneren Dynamik herausfordernd und kompromisslos. Es haben darin keine Ego-Tänze zu viel Platz und auch keine noch so klug formulierten Verwässerungen und Entschuldigungen. Auf die Frage: Wie findest du und wie finde ich zum »einig Wesen in Gott«? Wie findet die Liebesgeschichte Gottes mit dir, mit mir ihren einmaligen Ausdruck?, gibt Bruder Klaus eine unüberhörbare Antwort. Allerdings braucht »es« ein radikales (= von der Wurzel her) Umdenken, das sich auf die persönliche Lebensweise bezieht und in der Folge die Beziehungsebenen zu den Mitmenschen auf ein gewandeltes Niveau hebt. Es ist eine *Magna Charta* des Wohlwollens und des Mitgefühls. Gleichzeitig ist es ein Weg der Umgestaltung und Wandlung der eigenen Person auf der Grundlage: »Liebe die Nächste, den Nächsten, sie oder er ist wie du!« Sie haben den gleichen göttlichen Lebenshauch wie du. Erkenne, wer, was, wie du ganz persönlich bist, und du wirst den Mitmenschen links und rechts von dir als Ebenbild des gleichen göttlichen Mysteriums erkennen!

Auf Anweisung von Bruder Klaus wurde »sein Buch« mit Medaillons (Rundbildern) erweitert, wie es im Pilgertraktat erwähnt wird, der kurz nach seinem Tod veröffentlicht worden ist (siehe weiter unten).

Wie würden die Werke der Barmherzigkeit lauten, wenn ich sie um 180 Grad drehe? Zeigt sich darin nicht eine klare Einladung zur eigenen Wandlung des persönlichen Lebens in die totale Geborgenheit im Urgrund meiner Existenz? (»Was seid ihr ängstlich besorgt?«, fragt bekanntlich Jesus seine Vertrauten.) Dieser Transformationsweg erscheint zuerst verhüllt in den Werken der Barmherzigkeit, enthüllt sich aber unausweichlich im Satz aus dem ersten Testament: »Liebe die Nächste, den Nächsten, sie oder er ist wie du!« Also: Was immer mir in und bei einem Mitmenschen begegnet, das bin ich auch. Das wahrzunehmen (= als Wahrheit anzunehmen) und dabei zu erkennen, was mich hindert und was mich fördert, ist und bleibt der Schlüssel zur allumfassenden persönlichen Heilung und Heiligung. Diese Herausforderung lässt sich über die Schritte der Werke der Barmherzigkeit in den persönlichen Alltag auf jeder Ebene entfalten. Deshalb betont Jesus in seinen Unterweisungen in unterschiedlichen Bildern: »Liebe den Nächsten *wie dich selbst*!«, oder wörtlich übersetzt: »Du liebst deinen Nächsten wie dich selbst!« Der eigentliche Maßstab jeder Beziehungsliebe findet sich in der Kernwirklichkeit des Menschen, im Selbst. In den Rundbildern des Meditationsrades wird auf Grundhaltungen der zwischenmenschlichen Kommunikation in entsprechenden Symbolen (rot markiert) wie nebenbei hingewiesen. Diese sind alle miteinander auf geheimnisvolle Art über das »einig Wesen mit dem Urgrund des göttlichen Geheimnisses« vernetzt, das hier das Gesicht der Christusikone trägt:

Diese Symbole der Werke der Barmherzigkeit sind in den heilsgeschichtlichen Zusammenhang des Lebens Jesu eingebettet, was noch einen zusätzlichen Horizont öffnet. Dieser wird sich auf dem Weg der Selbst-Betrachtung, entsprechend dem persönlichen Fassungsvermögen der »Pilgernden« durch Raum und Zeit, langsam erschließen. Diese Auseinandersetzung geschieht im tiefsten Kern der eigenen Person und entzieht sich immer wieder den Betrachtungen einer eingeschränkten Ego-Sichtweise; sie wird zu einem alchemistischen Wandlungsprozess eines stets neuen Lösens und Verbindens. So kann die ursprüngliche Schönheit des göttlichen Ebenbildes »Mensch« aus den Verwicklungen der Raum-Zeit-Dimension »herausdestilliert« werden.

Grundsätzlich stellen sich die Fragen an den persönlichen Lebensvollzug: Was hindert und was fördert den menschlichen Heil(ig)ungsprozess? Welche Impulse lassen sich aus den Werken der Barmherzigkeit schöpfen?. Diese umfassen in der ursprünglichen Tradition des Evangeliums sechs Bereiche, die auf die Mitmenschen bezogen sind (vgl. Mt 25,36ff). Die Drehung um 180 Grad betrachtet sie in der persönlichen Bedürftigkeit und unter dem Aspekt der Sehnsucht nach Heilung der eigenen Person oder auch einer Gruppe, die sich gemeinsam auf einem spirituellen Weg befindet:

Matthäus 4 Johannes

3 5

2 6

Lukas 1 Markus

1 *Kranke besuchen*

oder im persönlichen Wandlungsprozess: Wo erlebe ich mich verletzt? Was sucht in mir Heilung? Wie gebe ich dem Heilvollen in meinem Leben Raum? Wie wirke ich heilvoll gegenüber den Mitmenschen und der Schöpfung? [Symbol: Krücken]

2 *Fremde beherbergen*

oder im persönlichen Wandlungsprozess: Was ist mir fremd und sucht Integration in meinem Heilungsprozess? Was schließe ich in meinem Leben aus? Wo habe ich ein offenes Herz für Unvertrautes und Unbekanntes (Integration des Schattens)? Wie begegne ich Hilfesuchenden? Wie zeigt sich mein Wohlwollen? [Symbole: Stab und Tasche]

3 *Hungrige und Dürstende speisen*

oder im persönlichen Wandlungsprozess: Was bewegt meine Sehnsucht, wonach hungere ich? Was sättigt mich? Was sind meine Lebensziele? Welche »Nahrung« gebe ich mir und anderen Hungernden nach Gerechtigkeit und Frieden im eigenen Herzen, damit Heilung geschehen kann? [Symbol: Krug, in den Wasser fließt]

4 *Gefangene befreien*

oder im persönlichen Wandlungsprozess: Was sucht in mir Befreiung, damit sich das Heilvolle entfalten kann? Was hält mich gefangen, macht mich befangen? Was fesselt mich? Wann, wie, wo setze ich mich für Freiheit, Menschenrechte, Bewahrung der Schöpfung ein? [Symbol: Strick, der um die Hand gelegt wird]

5 *Nackte bekleiden*

oder im persönlichen Wandlungsprozess: Wie trete ich in Erscheinung? In welcher Rolle (Kleid) zeige ich mich in der Öffentlichkeit? Was beschämt mich? Wann erlebe ich mich ausgesetzt, hüllenlos, schutzlos? Wie lebe ich mein Ausgespanntsein in die Gegensätze des täglichen Lebens?

Wie gehe ich mit dem Leidvollen um? Wie zeigt sich mein Mitgefühl für andere? [Symbol: Kleid auf dem Boden]

6 *Tote begraben*

oder im persönlichen Wandlungsprozess: Welche »Leichen« trage ich in meinem »Handgepäck«, die sich nach Beerdigung sehnen? Bin ich bereit, das Leblose und Tote in mir und meinem Umfeld zu begraben? Was soll, darf ich freigeben, weil es endgültig vorbei ist? Woran klammere ich mich fest? Was sucht in mir den Ort des Friedens und der Versöhnung? Wie öffne ich mich für eine neue Gemeinschaft mit den Lebenden und Toten? [Symbol: Totenbahre]

Wenn die größere Mitverantwortung und Solidarität für die Erdbevölkerung in den Vordergrund tritt, lassen sich aus den Werken der Barmherzigkeit weitere Fragen ableiten, die wiederum auf das Wohlbefinden jedes einzelnen Menschen rückwirken. Sie haben einen kollektiven Akzent, der in etwa das folgende Gesicht zeigt (vgl. unten, 1–6), wenn wir diesen für einige der gegenwärtigen, politischen Zeitfragen aktualisieren, auch im Sinn von Mt 25,40: »Was immer ihr einem dieser geringsten Menschen getan habt, das habt ihr mir getan«:

1 Genereller Zugang zu den Ressourcen der notwendigen Heilmittel und Gesundheitsvorsorge für alle Gruppen und Völker.

2 Klärung von Migrationsfragen und der Ausgrenzung von Minderheiten; religiöse Toleranz und Offenheit in der Flüchtlingsproblematik.

3 Gerechte Verteilung der Grundnahrungsmittel und des Trinkwassers, Schutz vor Nahrungsmittelvergiftung durch sogenannten Pflanzenschutz und Antibiotikabeigaben.

4 Gerechtigkeit für die Gefangenen, faire Gerichtsverfahren, Abschaffung der Folter.

5 Fairness in der Bekleidungsindustrie (vgl. Kinderarbeit, Ausbeutung in den Schwellenländern), Recht auf menschenwürdige Wohnung.

6 Rufmord, Vorwürfe, die auf Unwahrheiten basieren, »begraben«, alte Rivalitäten zwischen Volksgruppen auflösen helfen.

Diese Entfaltung der Werke der Barmherzigkeit als eine persönliche und kollektive Herausforderung unter dem Aspekt einer ethischen Konsequenz für den Alltag kann von einem echten spirituellen Menschen nicht ausgeklammert werden. Einzelpersonen, Konzerne, Nationen sind aufgerufen, die elementarsten menschlichen Grundbedürfnisse zu sichern und einem überdimensionierten Bereicherungswahn verbindliche Grenzen zu setzen. Vernachlässigen wir diese Grundanliegen, wird sich das Szenario, das Bruder Klaus in seiner Brunnenvision erkannte, noch stärker als globale Krise ausweiten. Bruder Klaus fragt sich, weshalb die Menschen nicht aus dem ewig fließenden Brunnen schöpfen, der Wasser, Öl, Honig und Wein allen spendet, die sich daraus bedienen wollten:

»Und er ging zur Tür hinaus. Da sah er die Leute schwere Arbeit tun und dazu fast arm sein. Da beobachtete er (Bruder Klaus), was sie täten. Da sah er, dass einer da stand, der hatte einen Zaun geschlagen mitten durch den Platz. In der Mitte des Zaunes hatte er einen Gatter, den hielt er vor ihnen zu mit der Hand (und) sprach zu ihnen: ›Ich lasse euch weder hin noch her, es sei denn, ihr gebt mir den Pfennig!‹ (...) Er sah Schneider und Schuhmacher und allerlei Handwerksleute, die da den Pfennig von ihm haben wollten. Und ehe sie das alles ausrichteten, da waren sie so arm, dass sie kaum das bekamen. Und er sah niemanden hineingehen, um aus dem Brunnen zu schöpfen ...« (Vgl. Texte zum Nachdenken. Niklaus von Flüe. Erleuchtete Nacht: Die Brunnenvision, S. 117, 2. Aufl. Freiburg 1982)

Bruder Klaus – Mystiker und »wilder Mann«

Wohnhaus der Familie des Niklaus von Flüe

Der wilde Mann im Ranft

Pierre Stutz

»Heute fahren wir zum Bruder Klaus«, hörte ich als Kind und Jugendlicher ab und zu. Auch wenn ich nicht immer begeistert war, dass wir schon wieder einen Wallfahrtsort besuchten, so war ich allemal dankbar, dass dieses Vorhaben schon vor der Reise angekündigt wurde. Meine Eltern hatten nämlich die höchst kreative Gabe, uns Kinder am Ende eines Ausflugs immer noch in eine Kapelle zu schleppen! Eine List, die Früchte trägt, wie mein langer spiritueller Weg es zeigt!

Niklaus von Flüe war in unserer Familie ein ständiger Begleiter, weil über meinem Heimatdorf Hägglingen im Kanton Aargau neben einer kleinen Kapelle am Rand des Waldes eine große Skulptur von ihm steht. Oft sind wir zu Fuß zu diesem kleinen Wallfahrtsort gepilgert, um eine Kerze für Menschen in Not anzuzünden. Ein mitfühlendes Ritual, das ich bis heute gerne feiere. Auf meinen vielen Reisen zünde ich oft in Kirchen eine Kerze für kranke und trauernde und Menschen in Lebenskrisen an. Auf einer Postkarte schreibe ich ihnen mit wenigen Worten, dass ich an sie denke: Heute brennt ein Kerze für dich, als Segens- und Vertrauenszeichen.

Ich fuhr gerne nach Flüeli, weil die beiden Kapellen in der Ranftschlucht liegen, durch die die Große Melchaa fließt. »Ranft« bedeutet ursprünglich »Rand«. Zum Rand, der zur Mitte werden kann, zog es mich immer schon hin, weil ich als Kind gerne mit den Bäumen und dem wilden Wasser im Gespräch war und es noch heute bin. Ohne es damals so benennen zu können, habe ich gespürt, dass ich mich hier an einem Kraftort befinde, der Menschen Mut macht, »zu Grunde zu gehen«, um Kraft zu schöpfen aus dem eigenen Grund, der zugleich auch der göttliche Hoffnungsgrund in uns ist.

Kritischer Grund

Meine Eltern haben in uns Kindern ein soziales Bewusstsein gefördert, wofür ich ihnen bis heute sehr dankbar bin. »Das Ethos einer Gemeinschaft zeichnet sich dadurch aus, wie sie mit den Schwachen umgeht«, war einer ihrer Kerngedanken, der mir bis heute aufzeigt, wofür es sich zu leben lohnt. Zu einer kritischen Haltung gegenüber Autoritäten in Kirche und Gesellschaft haben sie uns leider zu wenig bestärkt. Darum horchte ich als Kind auf, als ich anlässlich der Besuche bei Bruder Klaus einen wohltuenden kritischen Unterton mithörte. Einen Heiligen der katholischen Kirche zu kritisieren, das ging nun schon gar nicht! Trotzdem spürte ich mit heimlicher Freude, dass es meinen Eltern kaum passte, dass er seine Familie verlassen hatte. Bei meiner Mutter nahm ich ein Unverständnis darüber wahr, dass seine Frau Dorothea so wenig Erwähnung fand. Weil sich in der Biografie von Niklaus von Flüe so etwas Unerhörtes, Unerklärbares zeigte, war er mir trotz seiner Fremdheit und seinem asketischen Fasten nahe. Das ist sicher einer der Gründe, weshalb ich diesen Kraftort in der Mitte der Schweiz auf all den verschiedenen Wegstrecken meines Lebens immer wieder gerne aufsuche. Als ich dann mit 38 Jahren in meiner zweijährigen Burn-out-Zeit die vielen Mystikerinnen und Mystiker entdeckte, mit denen ich nun seit 25 Jahren in einem täglichen Dialog bin, da tat es mir gut, auch Niklaus von Flüe neu als Mystiker zu sehen. Mystische Menschen sind immer auch prophetisch geprägt und Querdenkerinnen und Querdenker, die, je nach Biografie, eine kritische Seite gegenüber ihrer Konfession beziehungsweise Religion ausdrücken.

Als ich damals in meiner wochenlangen Schlaflosigkeit seitenweise in mein Tagebuch schrieb »ich gehe zugrunde!«, da tauchte manchmal in größter Dunkelheit das innere Bild von der Ranftschlucht auf, von diesem Kraftgrund, das für ein paar Sekunden – immerhin! – ein Hoffnungsfunke war. Durch die Begegnung mit dem Dominikanermönch Johannes Tauler (1300–1361), der diese drei Worte – zu Grunde gehen – als Weg zur Auferstehung, zum inneren Befreitwerden zu sich selbst und zur Solidarität beschrieb, sind meine Herzenstüren weit geöffnet worden für meine mystischen Wurzeln. Seither ermutige ich mich und andere, dem Leben immer wieder auf den Grund zu gehen, dem Schönen und Lustvollen und auch dem Schwierigen, all den durchkreuzten Lebensplänen und all dem Himmelschreienden. Wenn ich in all meinen Büchern mich und andere ermutige, in die Tiefe zu gehen, dann ist dies meistens mit dem Bild des Ranftes verbunden. Hinabsteigen in die Angst vor Liebesentzug und Hinaufsteigen zu einer neuen Lebendigkeit verbinde ich gerne mit dem Weg in die Ranftschlucht.

Liebhaber des Friedens

In meiner Zeit als Bundesjugendseelsorger der »Jungen Gemeinde« (1988–1992) durfte ich mit vielen anderen im Flüeli-Ranft das »Friedensdorf« fördern: Ein Hoffnungsort für Kinder und Jugendliche, die dort jahrelang den Frieden lernen konnten. Niklaus von Flüe hat unsere engagierte Spiritualität wesentlich geprägt, weil Innerlichkeit und Politik, »Kampf und Kontemplation« (Frère Roger in Taizé) keine Gegensätze sind, sondern die beiden notwendigen Standbeine einer geerdeten Spiritualität, die Erde und Himmel verbindet.

Wie bei vielen anderen, echt glaubwürdigen, mystischen Wegbegleiterinnen und Wegbegleitern wird auch beim Eremiten im Ranft offensichtig, dass sein Rückzug in die Begegnung mit Gott ihn nicht von den brennenden Fragen – den Wundmalen – seiner Zeit entfernte, sondern ihn noch mehr zu einem Friedensboten werden ließ. Die beiden Fenster in seiner Zelle drücken diese gesunde Balance aus: Das Fenster zur Kapelle öffnet ihn für seinen innersten heiligsten Grund, der dreifaltig erfahrbar wird als schöpferischer, auferstehender und heilender Grund. Das Fenster zum Waldweg öffnet ihn für sein mitfühlend-beratendes Hinhorchen auf die großen Fragen seiner Zeitgenossen, für die Menschen, die bei ihm Rat suchten.

Diese Innen- und Weitsicht führt jedes Jahr viele Jugendliche zum bekannten vorweihnachtlichen Ranfttreffen. Dort werden sie bestärkt im Vertrauen, einen Friedensengel in sich zu erfahren. Sie werden ermutigt zum Aufbruch, selbst ein Friedensengel werden zu können in einer Welt voll von Gewalt und Ungerechtigkeit. Im Leben und Wirken von Niklaus von Flüe wird, ähnlich wie bei anderen mystischen Menschen wie zum Beispiel Dag Hammarskjöld, Madeleine Delbrêl und Dorothee Sölle, sichtbar, dass Mystik und Politik unzertrennlich zueinander gehören. Der Einsiedler setzte sich wirklich für den Frieden ein, indem er zuerst den Frieden in sich suchte. Seine bekannten Worte »Friede ist allweg in Gott« leben aus der Vertrauenskraft der Psalmworte: »Frieden und Gerechtigkeit werden sich küssen.« (Ps 85,11)

Mit Klugheit und beharrlicher Geduld gelang es Niklaus von Flüe, den erbitterten Streit zwischen den Stadt- und Landkantonen zu schlichten. Das Stanser Verkommnis (Abkommen) aus dem Jahr 1481 ist der Beweis, dass ihn sein innerer Weg in die Stille zu seiner inneren Friedensquelle führte, die ihn zu einem Einsatz als Mediator befähigte. Im Dankesbrief des Rates von Solothurn an Bruder Klaus erhielt er die Anerkennung, dass durch seinen Rat in der ganzen Eidgenossenschaft »Friede, Ruhe und Einhelligkeit« eingekehrt sei: *»Dafür sagen wir billig dem wahren Gott und Euch als Liebhaber des Friedens gross Lob und Dank.«*

Kraftvoll und verwundbar

Die letzten dreißig Jahre bin ich Niklaus von Flüe nochmals auf andere Weise begegnet. Dank der ökumenischen Männerarbeit ist er mir zum Wegbegleiter geworden, weil er uns Männer ermutigen kann, kraftvoll und verwundbar mitten im Leben zu stehen. Als ich 1986 das Buch »Der wilde Mann. Geistliche Reden zur Männerbefreiung« von Richard Rohr las, entdeckte ich in den dort beschriebenen »zwei Reisen« auch den Lebensweg von Niklaus von Flüe als Bestärkung, das Weibliche und Männliche im Menschsein zu integrieren. Rohr entfaltet zwei Fährten: Die innere Reise, die eine neue Freiheit schenkt, weil man(n) zu seiner Schwäche stehen darf, und die äußere Reise, die einen als prophetisch-wild und unbequem zeigt. Beide Reisen ereignen sich lebenslänglich auf unserem Weg in einer Wechselwirkung. Sie beleben und ergänzen sich.

Bruder Klaus war ein verwundeter Heiler, der tiefe Depressionen erlebte und sehr lange mit sich, seinem Weg und seiner Berufung rang, bis er sich entschloss, Frau und Kinder zu verlassen. Sein Ringen, auch im Dialog mit Dorothea, erzählt vom Reifungsprozess eines Paares. Seine starke Frau lässt ihn gehen, damit er ihr und ihrer Familie bleibt! Darum ist sie für viele als genauso heilig zu betrachten wie ihr Mann. Niklaus von Flüe, ein erfolgreicher Bauer und Politiker, wird auf sich selbst zurückgeworfen. Er überspielt den Schrei seiner Seele nicht, sondern mutet ihn sich selbst, seiner Frau und seiner Familie zu. So wird er zu einem Mann, der uns auch heute ermutigen kann, nicht wertend und urteilend mit Lebensbrüchen umzugehen.

Sein jahrelanges Fasten, das schon zu seinen Lebzeiten kritisch hinterfragt und überprüft wurde, ist der Ausdruck eines wilden Mannes, der die unerträgliche Fresssucht seiner Zeit durch sein radikales Dasein entlarvte. Akten aus dem Jahr 1475 belegen, dass zum Beispiel bei der Landshuter Fürstenhochzeit über fünfhundert Gulden – heute ca. 100.000 Euro – für Abführmittel ausgegeben wurden, damit die Gäste noch maßloser essen konnten. In diesem Kontext wird sein Fasten zu einem prophetischen Zeichen, das uns bis heute zu einem Bewusstseinswandel und zu einem solidarischen Teilen bestärken kann.

Aus dem inneren Brunnen trinken

Wenn ich Menschen aufzeigen möchte, wie uns eine mystische Lebensgestaltung zu einem gesunden Lebens- und Arbeitsrhythmus ermutigen kann, dann erwähne ich gerne die Brunnenvision von Niklaus von Flüe. Sie ist von höchster Aktualität. Menschen verlieren sich in einer Überaktivität, weil sie nicht sehen, wie nahe das Schöpfen aus der eigenen inneren Quelle sein kann. In der Brunnenvision heißt es:

Und er verwunderte sich sehr, da sie so arm waren und doch niemand hineinging, aus dem Brunnen zu schöpfen, was sie wiederum so wohl hätten tun können, da er gemeinsam war … Und er dachte: Du willst hinausgehen und sehen, was die Leute tun, dass sie nicht hineingehen, des Brunnens zu schöpfen, dessen doch ein großer Überfluss ist. Und er ging zur Tür hinaus. Da sah er die Leute schwere Arbeit tun und dazu fast arm sein … Und er sah niemanden hineingehen, um aus dem Brunnen zu schöpfen.

Zu viele sind es bis heute, die auf den Altären der Gewinnoptimierung, der Machbarkeit und der Gier ihre Gesundheit und ihre Beziehungskraft opfern und dadurch immer kränker werden an einer Schnelligkeit, die unsere Seele psychosomatisch aufschreien lässt. Niklaus von Flüe zeigt uns auch heute auf, wie wir einander das Rückgrat stärken können, um uns nicht verbiegen zu lassen, und wie wir uns gegenseitig unterstützen können für eine Welt, die gerechter und zärtlicher werden kann.

Sterbend dem Leben entgegengehen

Mit dem Eremiten vom Ranft wird mich immer auch der Tod meiner Mutter verbinden. Sie starb 1982 nach nur wenigen Monaten Krankheit an Bauchspeicheldrüsenkrebs. Eine wesentliche Lebensschule hat sich mir durch diesen Schmerz eröffnet, indem ich sie mit meinem Vater und den anderen Mitgliedern meiner Familie zu Hause pflegen konnte. Jeden Abend betete sie mit uns angesichts ihres Sterbens das bewegende Gebet von Niklaus von Flüe:

Mein Herr und mein Gott,
nimm alles von mir,
was mich hindert zu dir.

Mein Herr und mein Gott,
gib alles mir,
was mich führt zu dir.

Mein Herr und mein Gott,
nimm mich mir und gib
mich ganz zu eigen dir.

Eine mystische Perle, die uns helfen kann, das Sterben in unser Leben zu integrieren. Jeden Tag sterben wir kleine Ego-Tode durch unsere Enttäuschungen und unsere durchkreuzten Lebenspläne. Jeden Tag können wir noch mehr eintauchen in unseren Friedensgrund, um zu entdecken, dass das Wesentliche schon da ist. Jetzt schon und nicht erst im Sterben können wir tiefe Einheitsmomente erfahren, in denen wir für Augenblicke ganz aufgehen im göttlichen Urgrund aller Liebe. Dies ist das einzige Gebet, in dem ich das mir sonst unangenehme Wort »Herr« laut ausspreche, obwohl ich lieber beten würde: »Mein menschgewordener Gott«. Wir hatten das Glück, als ganze Familie um das Sterbebett meiner Mutter versammelt zu sein und miteinander dieses Gebet zu sprechen. Es hat meine Mutter vertrauensvoll in die Ewigkeit begleitet. Es drückt für mich bis heute meine tiefe Hoffnung aus, dass wir im Leben und im Sterben in Gottes Liebe hineingeboren werden.

Gedanken über Bruder Klaus im Licht des Sufismus

Peter Hüseyin Cunz

Im Bestreben nach vertieftem Verstehen des Hintergründigen bin ich herausgefordert, geeignete Bilder und Worte zu finden, die meine Einsichten und Erfahrungen mir selbst und anderen gegenüber verständlich und nachvollziehbar ausdrücken. Dabei ist es für mich hilfreich, Beschreibungen von und über Mystiker anderer Glaubensrichtungen zu konsultieren. Oft darf ich bei solcher Lektüre eine Erweiterung meines Horizontes erleben, zusammen mit einer Vertiefung der Erkenntnisse über meine Hauptquellen, nämlich den Aussagen und Werken von Celaleddin Rumi (1207–1273). Wir und viele Muslime nennen ihn ehrfürchtig *Hazrati Mevlana* (unser heiliger Meister). Von diesem Titel abgeleitet stammt der Name unseres Ordens (*Tarikat al Mevleviye*), der von Rumis Sohn Sultan Veled gegründet wurde.

Mit Bruder Niklaus von Flüe hatte ich mich nie richtig auseinandergesetzt, auch wenn ich bei den Anlässen, zu denen ich im VIA CORDIS-Haus weilte, jedes Mal etwas von seiner Kraft zu spüren bekam. Auch als Muslim empfange ich unten im Ranft Kraft aus dem Jenseitigen. Dass die Kapelle nach Jerusalem ausgerichtet ist, kommt mir dabei sehr gelegen, denn das ist quasi die gleiche Richtung wie Mekka mit der heiligen Ka'aba. Doch am schönsten zeigt sich mir Bruder Klaus' Licht im Ausdruck und der Haltung jener Menschen, die ihn zum Vorbild genommen haben. Mit dieser Aussage möchte ich den Mitarbeiterinnen und Mitarbeitern von VIA CORDIS danken, dass sie mich in ihren Freundeskreis aufgenommen haben.

Eingelesen ins Leben und Wirken von Bruder Klaus habe ich mich mit dem Buch *Die Sehnsucht nach dem »einig Wesen«* von Roland Gröbli. Aus meiner Sicht ist das eine fundierte und zugleich ansprechende Forschungsarbeit. Zitate von und über Bruder Klaus entnehme ich dieser Publikation. Beim Lesen wurde mir schnell klar, dass ich vom Konstrukt der Katholischen Kirche zu weit entfernt bin, um mich von einem abgerundeten Gesamtbild von Bruder Klaus inspirieren zu lassen. Somit konzentriere ich mich auf einzelne Thesen, die in der Literatur oder in den Medien zum Thema der Mystik anzutreffen sind, um sie zu bestätigen oder zu widerlegen.

Was ist Mystik, und wer ist Mystiker (damit meine ich gleichfalls Mystikerinnen)? Diese Frage stellt sich immer beim Betrachten des Lebens eines Sufi-Heiligen wie Rumi oder eines Bruder Klaus. Ob wir von der islamischen Mystik (Sufismus) oder von der christlichen sprechen: die grundsätzlichen Fragen sind dieselben.

These: Mystik beginnt mit der Sehnsucht nach Gottesnähe

Das berühmte Lehrwerk Rumis, das *Masnavi*[1], bestehend aus etwa 26.000 Versen, beginnt mit unserer Sehnsucht nach unserem Ursprung:

Hör auf die Flöte – wie sie erzählt,
wie sie klagt über Trennung und spricht:
»Seit man mich vom Röhricht schnitt,
weinen Mann und Frau bei meiner Klage.
Ich suche ein Herz von Einsamkeit gequält:
Dem will ich vom Schmerz der Sehnsucht erzählen.
Wer weit entfernt von seinem Ursprung ist,
der sehnt sich zurück nach der Zeit der Einheit.«[2]

Der Weg des Mystikers beginnt mit einem tiefen Schmerz – ein Gefühl der Trennung von dem, wonach er strebt. Bei Bruder Klaus kommt dies eindrücklich zum Ausdruck. Am Anfang steht sein Scheitern im weltlichen Leben. »Er will alles – aber so geht es nicht. Er muss lernen, loszulassen, denn jede Lösung beginnt mit dem Sich-Lösen.«[3] Doch auch

Bruder Klaus scheint niemanden zu finden, dem er von seinem Schmerz der Sehnsucht erzählen kann. Dazu braucht es die Begegnung eines ebenfalls *von Einsamkeit gequälten Herzens*.

Rumi fand dieses Herz in der Begegnung mit dem Wanderderwisch *Schams von Täbris*. Miteinander zogen sie sich zurück, nährten sich gegenseitig mit ihren spirituellen Erfahrungen und halfen einander, die Tore zur anderen Welt zu öffnen. Als Schams von Rumis Schülern bedroht wurde, verließ er den Ort und ließ Rumi auf sich selbst gestellt zurück. Und nun, in seinem Schmerz der Trennung von seinem Freund, öffneten sich die Tore zur anderen Welt und inspirierten Rumi zu seinen berühmten Gedichten des *Divan*[4], die das Göttliche und die Schau zum Jenseits besingen. Rumi wurde so zu einem der größten Dichter und Mystiker aller Zeiten.

Auch Bruder Klaus schien in diesem Schmerz der Sehnsucht zu sein, fand aber nicht ein ebenbürtiges *von Einsamkeit gequältes Herz*, mit dem er sich austauschen konnte. Und so zog es ihn in die Einsamkeit, um im Gebet Gottes Hilfe zu erhoffen. Und er fordert Gott direkt auf, alle Hindernisse wegzuwischen:

O myn got unde myn herre
Nym mich mir und gyb mich gancz zcu eygen dyr.
O myn got unde myn herre
Nym von myr alles das mich hyndert gegen dyr.
O myn got unde myn herre
Gyb myr alles das mich furdert zcu dyr.
Amen.[5]

Ähnliche Gebete gibt es bei den Sufis, zum Beispiel von Râbi'ah al-'Adawiyyah (713–801 in Basra):

O Gott, was Du mir von der Welt geben willst, gib es Deinen Feinden;
und was Du mir im Himmel geben willst, gib es Deinen Freunden,
denn Du selbst genügst mir!

O Gott, wenn ich Dich aus Furcht vor Deiner Hölle anbete,
so verbrenne mich in Deiner Hölle;
und wenn ich Dich Deines Paradieses wegen anbete,
so verschließe mir dessen Tür!
Aber wenn ich Dich nur Deiner selbst willen anbete,
dann beraube mich nicht des Schauens Deines Angesichts!

These: Mystik kann nicht erlernt werden – es ist eine Erfahrung

Ich teile die Meinung von Roland Gröbli: »Der Mystiker kann nie beweisen, dass der von ihm erfahrene Gott tatsächlich existiert.« Er legt lediglich Zeugnis ab von einer mystischen Erfahrung.[6]

Gott ist nicht an Raum und Zeit gebunden, und wir sollen nicht meinen, wir könnten ihn bildlich vorstellen. »Du sollst dir kein Gottesbildnis machen«[7] ist ein Grundgebot in allen monotheistischen Religionen. Gott kann nicht abschließend beschrieben werden. Somit ist auch jede Gotteserfahrung individuell gefärbt von eigenen Bildern, die, um überhaupt leben zu können, notwendigerweise in der Seele verankert sind. Wir benötigen zur eigenen Orientierung fassbare Bilder, die aber der Unermesslichkeit Gottes nie gerecht werden können. Manche Mystiker haben deswegen ihre eigene Bilderwelt auf ein essenzielles Minimum reduziert, was sich entsprechend in ihrem Diskurs ausdrückte. Ihr Reden beschränkte sich auf ein schlagkräftiges Minimum. Bruder Klaus war ein eindrückliches Beispiel dafür.

Unmittelbares Erleben kann nicht übermittelt werden. Der Verstand ist beschränkt auf das Begreifbare und somit auf das Erklärbare. Die Vernunft, welche von vielen Sufis als sehr hohe Tugend eingestuft wird, soll zwischen dem Unmittelbaren und dem Mittelbaren, zwischen Erfahrung und Analyse vermitteln. Eine gelungene Vermittlung empfinden wir als Weisheit.

Letztendlich zählt einzig das Erleben der Gottesnähe. In der Sufi-Tradition wird oft das Bild des Nachtfalters verwendet, der in Sehnsucht nach dem Licht um die Kerze flattert.[8] Er sieht das Licht von allen Seiten, doch erreichen kann er es nur im Verbrennen seiner selbst. Wenn die Sufis über Gotteserfahrungen berichten, dann orientiert sich das an den im Koran benannten Eigenschaften Gottes, welche als die zugelassenen Bilder über Gott gesehen werden. 99 dieser Eigenschaften werden den sogenannten Schönsten Namen (*asma'ul husna*) zugeordnet. Im Christentum gelten die Trinität sowie zum Teil Maria und die Heiligen als zulässige Bilder, um Gott zu erfassen.

Im Islam begegnet man einer spirituellen Erfahrung, die sich nicht am Koran orientieren kann, meistens mit Skepsis. Es gibt Ausnahmen bei den Sufis, zum Beispiel bei Dhu'n-Nun (gest. 859), der gesagt haben soll:

Verachte niemanden, auch den Ketzer nicht, denn es kann sein, dass am Ende er das Licht der Wahrheit empfängt und dass du es verlierst.

These: Mystik ist nicht an Rituale und Kulte gebunden

Dies ist eine immer wieder anzutreffende These, die nicht meinen Kenntnissen und Erfahrungen entspricht. Mit Erstaunen lese ich die Aussage, »Mystik ist nicht an Rituale und Kulte gebunden, sondern trägt dazu bei, sich von jeglicher Verdinglichung zu lösen«[9]. Das eine, die Rituale und Kulte, und das andere, das Sich-Loslösen von der Verdinglichung, sind keine Gegensätze. Vielmehr unterstützen Rituale und Kulte das beteiligte Individuum, sich von der Verdinglichung zu lösen. Bruder Klaus hat sich täglich an die vorgeschriebenen Gebetszeiten und Rituale gehalten, und auch andere christliche Mystiker wie Meister Eckhart sowie sämtliche islamischen Mystiker blieben zeitlebens den Ritualen und Kulten verpflichtet. Als Antithese zitiere ich al-Ghazali[10]:

Der Vollkommene ist derjenige, dessen Licht der Erkenntnis das Licht seiner Frömmigkeit nicht auslöscht. Du siehst also, dass der Vollkommene bei all seiner Scharfsinnigkeit es sich nicht erlaubt, auch nur eine einzige der göttlichen Verordnungen zu übertreten.

Und Rumi:

Solange ich lebe, bin ich ein Diener des Korans.
Ich bin Staub auf dem Weg Mohammeds, des Auserwählten.
Wenn jemand aus meinen Worten etwas anderes verstehen will,
Dann habe ich mit ihm gebrochen und bin über diese Worte empört.[11]

Was bedeuten solche Aussagen? Wer sich von der Verdinglichung lösen will, muss sich der anderen Welt öffnen können und die Selbstkontrolle loslassen. Ohne Schutz ist dies gefährlich. Die Einbindung in eine religiöse Gemeinschaft, die gewollte Einhaltung der religiösen Gebote und Verbote und die Einordnung in schützende Rituale bieten dem Mystiker die Richtung und den notwendigen Schutz, um den Schritt über das Begreifen hinaus zu tun, hinein in die Schau des Göttlichen. Bruder Klaus lebte wie alle Mystiker im Gehorsam zur vorherrschenden Gläubigkeit. Erwiesen ist auch seine intensive Beschäftigung mit dem Altarsakrament.[12]

Die Frömmigkeit, die Ghazali und Rumi fordern, hat somit nichts mit einem verbliebenen Dünkel oder mit Sentimentalität zu tun. Es ist eine pragmatische Notwendigkeit für jeden, der in den Bereich der Mystik eindringen will. Die Kraft von Ritualen zeigt sich schon darin, dass damit erstaunliche Kräfte aus der anderen Welt mobilisiert werden können und so bekannte Erfahrungen der Erleuchtung sowie wundersame magische Geschehnisse möglich werden. Doch dies ist noch kein Beleg für Gottesnähe. Das Jenseits ist nicht nur das Zuhause der Engel, sondern gleichfalls der Ort, wo die satanischen Kräfte auf Möglichkeiten warten, sich in dieser Welt der Erscheinungen (der Verdinglichung) zu manifestieren. Der Weg des Mystikers verläuft zwischen den zwei Welten, mit einem Fuß in dieser und mit einem in der anderen Welt. Auf diesem Weg muss er sich rituell schützen.

These: Mystik nährt sich aus der Vollkommenheit des Letztendlichen

In seiner Brunnenvision wurden Bruder Klaus Zusammenhänge gezeigt, die zu den zentralen Themen der Sufis gehören: »Da ist ein Tabernakel, und darin ist eine Küche mit einem Trog. Rechts gehen Stufen hoch in einen Saal, wo ein Kasten steht. Aus den Stufen fließt dreierlei Wasser, jedes unterschiedlich – Wein, Öl und Honig, und jeder Strahl in sich vollkommen. Im Kasten oben im Saal ist die Quelle des Brunnens. Doch zum Kasten gelangt er nicht auf den eigenen Füßen, sondern nur im Vertrauen des Geführtseins. Beim Kasten angelangt, ist er überwältigt vom unendlich reinen Wasser, im Übermaß fließend. Dann dachte Bruder Klaus ans Volk, das draußen in der Armut lebt und nicht daran denkt, in den Tabernakel zu gehen und vom Brunnen zu schöpfen. Und am Schluss erkennt Bruder Klaus, dass dieser Tabernakel er selbst ist.«[13]

Wir erfahren von einer stufenweisen Annäherung an Gott. Als Erstes erinnert mich das an den berühmten Lichtvers im Koran:

Gott ist das Licht der Himmel und der Erde. Sein Licht ist gleich einer Nische, in der sich eine Lampe befindet; die Lampe ist in einem Glas gleich einem flimmernden Stern. Es wird angezündet von einem gesegneten Baum, einem Ölbaum, weder vom Osten noch vom Westen, dessen Öl fast leuchtete, auch wenn es kein Feuer berührte – Licht über Licht! Gott leitet zu Seinem Licht, wen Er will, und Gott macht Gleichnisse für die Menschen, und Gott kennt alle Dinge.[14]

Und gleichfalls Rumi[15]:

Ich starb als Mineral und wurde zur Pflanze;
dann starb ich als Pflanze und wurde zum Tier.
Ich starb als Tier und wurde ein Mensch;
Was sollte ich also fürchten?
Wann hat mich der Tod geringer gemacht?

Beim nächsten Mal sterbe ich als Mensch,
um mit den Engeln zu fliegen.
Und selbst als Engel muss ich weichen,
denn alle Dinge vergehen außer Seinem Angesicht.[16]
Und wieder werde ich geopfert und als Engel sterben;
ich werde etwas Unvorstellbares werden.
Dann werde ich zu Nichtsein;
schön wie eine Orgel singt das Nichtsein zu mir:
»Siehe, zu Ihm kehren wir heim«.[17]

Den Weg zu Gott erleben wir in Stufen, die wir teils äußerlich und teils innerlich zu überwinden haben. Das Entsagen von einer Stufe öffnet den Weg zur nächsten Stufe. »Stirb, bevor du stirbst«, heißt es bei den Sufis. Die Grundlage des Sufi-Weges ist das Abbrechen und Wegwischen von allem, was nicht Gott ist, damit Platz gemacht wird für das Neue, das von uns noch nicht Erfassbare. Dies ist die Bedeutung des ersten Teils des islamischen Glaubensbekenntnisses, »*La ilaha il Allah*«, was so viel heißt wie: »Keine Gottheit außer Gott«. In der Praxis bedeutet das: »Tue zur Seite alles, was nicht Gott ist, und dann bleibt nur noch Gott übrig.« Rumi drückt das unter anderem so aus:

Die Form ist der Schatten, die Wirklichkeit ist die Sonne.
Schattenloses Licht gibt es nur in Ruinen.
Wenn kein Ziegelstein mehr auf dem andern liegt,
wirft das Mondlicht keinen hässlichen Schatten mehr.
Selbst wenn der Ziegel aus Gold ist, muss er weggenommen werden,
denn der Ziegel ist der Preis für Eingebung und Licht.[18]

Und am Ende erkennt Bruder Klaus, dass er der Tabernakel ist, dass Gott in seinem Herzen sitzt. Rumi sagt:

Ihr müsst den Fuß auf die Ebene des Herzens setzen,
denn auf der Ebene des Lehms gibt es keine Erlösung.

Das Herz ist die Wohnstatt der Sicherheit, o Freunde;
dort gibt es Springbrunnen und Rosengärten in Rosengärten.
Wendet euch dem Herzen zu und geht voran, o ihr Kameltreiber;
dort drinnen gibt es hohe Bäume und reine Quellen mit fließendem Wasser.[19]

Spätestens mit der Popularität der Meditation wurde das esoterische Herz zum Fokus von spirituell Suchenden. Doch wie oft wird gemeint, dass ein inneres Wohlgefühl, eine sich positiv anfühlende Stimmigkeit der Indikator eines aufgeweckten Herzens sei. Wie oft habe ich gehört: »Ich brauche keine religiöse Mitgliedschaft, ich folge meinem Herzen!« Rumi spricht deutliche Worte:

Verächtlich hast du Hilfe abgelehnt und gesagt:
»Ich besitze ein Herz; ich brauche niemand anderen,
ich bin mit Gott vereint.«
Das ist, als ob das Wasser in der Erde verächtlich ablehnen
und sagen würde: »Ich bin das Wasser, warum sollte ich Hilfe suchen?«
Du hast dir dieses verunreinigte Herz als Herz vorgestellt,
und folglich hast du dein Herz von den Herzbesitzern abgewendet.
Glaubst du wirklich, dass das Herz, das in Milch und Honig verliebt ist,
jenes reine Herz ist?
Die Köstlichkeit von Milch und Honig ist ein Abbild des Herzens;
von diesem Herz ist die Süße jedes süßen Dinges abgeleitet.[20]

Mystiker sind Teil der Gesellschaft

Der Mystiker Dhu'n-Nun (gest. 859) soll gesagt haben:

Der wahre Sufi ist der, dessen Rede die Wirklichkeit seines Zustandes darstellt, und wenn er schweigt, seine Handlung auf seinen Zustand hinweist.

Und Rumi :

Diejenigen, die Gold und Perlen lieben, blicken auf den Rücken des Spiegels (der mit Gold und Perlen eingelegt ist); aber die, die den Spiegel lieben, blicken nicht auf Perlen und Gold. Sie richten ihr Gesicht immer auf den Spiegel, und sie lieben den Spiegel als Spiegel; weil sie in ihm liebliche Schönheit sehen, werden sie des Spiegels nicht überdrüssig. Aber wer ein widerliches, abscheuliches Gesicht hat, sieht im Spiegel nur Hässlichkeit. Der dreht rasch den Spiegel um und sucht nach diesen Juwelen.[21]

Seiner Sehnsucht treu lebt der Mystiker aufrichtig inmitten der Gesellschaft. Er ist sich bewusst, dass seine Selbstbetrachtungen Gefahr laufen, sich an Idealen der angenommenen Gläubigkeit und der eigenen Fantasie zu orientieren, und so wird er sich nicht scheuen, in den Spiegel zu blicken, der ihm von weltlicher Seite hingehalten wird. »Wer wird von meiner Anwesenheit ernährt, und wer nervt sich an mir? Wie unterstütze ich das Wohlergehen der Mitmenschen sowie den gesellschaftlichen Zusammenhalt?« Das sind wichtige Fragen in jeder spirituellen Arbeit. Wem soll die praktizierte Spiritualität dienen? Alle Propheten, die als Richtschnur und Vorbilder in den monotheistischen Religionen gelten, waren beauftragt, zum Wohl einer Gesellschaft die Richtung zu weisen. Das passt nicht zum Bild einer nur auf sich bezogenen Spiritualität.

Bruder Klaus war – gewollt oder ungewollt – eng mit der Gesellschaft verbunden. Er liebte das einfache Volk und hatte viel Mitgefühl für ihre

Sorgen und Leiden; seine politische Beratung war genährt durch dieses Mitgefühl. Auch als Eremit lebte er im Dienst der Gesellschaft.

Das Thema der gesellschaftlichen Relevanz ist bei den Sufis zentral, vor allem in der Praxis des »guten Benehmens« (*adab*). Die gesamte Ausbildung der Sufis ist geprägt vom Gehorsam, was das Zurücknehmen der eigenen Persönlichkeit und Meinung mit einschließt. Es beginnt mit dem Gehorsam dem Lehrer gegenüber (*fana fi shayh*), führt weiter zur Dienstbarkeit an der Gesellschaft mit dem Gehorsam gegenüber der koranischen Lehre (*fana fi rasul*) und endet im Gehorsam gegenüber Gott (*fana fi Allah*). Wer meint, er könne diesen Weg umgehen und Gott direkt zu Diensten sein, wird in den eigenen Fantasien untergehen.

In diesem Sinn verstehe ich Bruder Klaus gut, wenn er den »heiligen Gehorsam« hochhält: »Gehorsam ist die größte Ehre, die es im Himmel und auf Erden gibt.«[22] Auch Meister Eckhart spricht vom »vollkommenen Gehorsam als Tugend vor allen Tugenden«[23]. Natürlich wird der aufgeklärte Geist warnen, dass mit solchen Vorstellungen Tür und Tor für Despotismus geöffnet werden. Das ist in der heutigen Zeit fürwahr so. Früher waren es die etablierten Religionen, die der Gesellschaft als ethische Richtschnur dienten. Heute sind es die internationalen Vereinbarungen wie die Menschenrechte, die als Richtschnur dienen. Seit dieser Zeit der freien Wahl in religiösen Angelegenheiten darf ein »heiliger Gehorsam« nur dann ernst genommen werden, wenn er sich in die internationalen Vorstellungen über Ethik und Menschenrechte einfügt.

Nicht auf Kosten anderer leben, für das Wohl und den Frieden des Volkes dienlich sein, »dem bösen Geist ritterlich widerstehen«[24] und die Bedürfnisse des Ichs in den Hintergrund setzen, dies sind alles Aufforderungen, die auch an die Sufis gerichtet sind. Die Ritterlichkeit (*futuwwah*) mit den damit verknüpften Tugenden ist ein fester Bestandteil der Sufi-Lehre. Das Ziel des Sufi ist, ein »einig Wesen«[25] zu werden, was nicht nur die Verbundenheit mit Gott bedeutet, sondern auch ein Leben nach seinem Willen.

Ein Sufi ist *Derwisch* (pers.) oder *Fakir* (arab.), was beides einen Besitzlosen bezeichnet. Er will nichts besitzen, auch wenn er mit weltlichen Gütern umzugehen hat. Nicht an den Besitz gekettet zu sein und seine Entscheidungen nicht am eigenen Wohlstand auszurichten, darum geht es. Wer viel Vermögen hat und dieses ohne Rücksicht auf die Begehren seines Ichs für das Wohl anderer verwendet, ist eher ein Derwisch als etwa ein inspirierter Geistlicher, der nur sein eigenes Heil im Fokus hat. Sufis kontrastieren sich in unterschiedlichen Erscheinungen, vom Eremiten zum verrückten Querdenker bis zum angesehenen Theologen und Rechtsberater. Auch Bruder Klaus und ein Meister Eckhart liegen in ihrer äußeren Erscheinung weit auseinander, doch beide waren und sind Mystiker.

1 Moulana Galal ad-Din Rumi, Das Masnavi, Edition Shershir, www.shershir.ch

2 Übersetzung Uli Full und Wolf Süleyman Bahn.

3 Roland Gröbli, Die Sehnsucht nach dem »einig Wesen«, 2006, S. 10.

4 Divan-i Kebir, ca. 36.000 Verse.

5 Roland Gröbli, Die Sehnsucht nach dem »einig Wesen«, 2006, S. 10.

6 Ebd., S. 85 mit Verweis auf Mommaers, Mystik, S. 21.

7 Deuteronomium 5,6. Dieses Gesetz wird im Koran mehrfach und eindringlich bestätigt.

8 Dieses Bild wurde vermutlich erstmals vom Mystiker Husain ibn Mansur al-Halladsch (858–922) verwendet (in der Überlieferung Kitab at-Tawasin).

9 Roland Gröbli, Die Sehnsucht nach dem »einig Wesen«, 2006, S. 15 mit Verweis auf Mommaers, Mystik, S. 24ff.

10 Abu-Hamid Muhammad al-Ghazali (gest. 1111) in: Die Nische der Lichter (mishkât al-anwâr).

11 Rumi, Vierzeiler Nr. 1173 (siehe Ruba'iyat-e, Edition Shershir, www.shershir.ch).

12 Roland Gröbli, Die Sehnsucht nach dem »einig Wesen«, 2006, S. 136.

13 Ebd.: S. 150, verkürzt zusammengefasst.

14 Koran 24:35, gemäß der Übersetzung von Max Henning.

15 Das Masnavi 3:3901 ff, Edition Shershir, www.shershir.ch (Dieses und weitere Zitate aus dem Masnavi mit freundlicher Genehmigung der Übersetzergemeinschaft Bernhard Meyer, Kaveh und Jilla Dalir Azar).

16 Koran 28:88.

17 Koran 2:156.

18 Masnavi 6:4747–4749.

19 Masnavi 3: 514–516.

20 Masnavi 3:2260–2265.

21 Rumi: Fihi ma fihi, Rede 18, Übersetzung Annemarie Schimmel.

22 Roland Gröbli, Die Sehnsucht nach dem »einig Wesen«, 2006, S. 128.

23 Ebd., S. 52, 97 und 128.

24 Ebd., S. 132.

25 Ebd., S. 115.

Am Gottesschrecken wachsen

Marion Küstenmacher

Anders als jedem Schweizer Kind ist mir Bruder Klaus, der berühmte Mystiker, weder in meiner Kindheit noch in meiner Jugend begegnet. Das erste Mal machte ich mit ihm 1992 Bekanntschaft, als ich in der winzigen Zelle im Ranft stand, die er zu seiner Klause gemacht hatte. Ich erinnere mich an das dicke Gitter in der schweren Tür und das wuchtige Schloss aus Eisen. Groß, viel zu groß für diese kleine Klause. Ob das nun eine Zutat aus späterer Zeit war oder ob Niklaus von Flüe beides selbst hat anbringen lassen, spielt eigentlich keine Rolle. Der Ort vermittelt auch so den Eindruck, dass hier so viel Außenwelt wie nur möglich zurückgedrängt werden sollte, damit das seelische Gewicht ganz auf das innere Leben gelegt werden konnte. Und dafür reicht dann – wenn die Zelle so klein und völlig leer ist wie bei Bruder Klaus (er schlief ja auf dem Boden) – erstaunlicherweise ein einziges Schloss, um die ganze Welt fernzuhalten. Kleiner kann man sie nicht machen, die große Welt, wenn man konsequent nur noch im Riesenreich von Seele, Geist und unbedingter Gottesnähe leben will.

Die Enge in Bruder Klausens Zelle war aber nicht nur bedrückend. Damals hatte ich das Gefühl, dass sie ihm half, bei aller radikalen Introversion ein beständiges Gefühl für seine menschliche Dimension zu bewahren. Er war ja den Zeugnissen nach ein großgewachsener Mann und musste hier überall physisch an seine Grenzen stoßen, also buchstäblich anecken. Je tiefer sein Geist in das grenzenlose Bewusstseinsfeld des Unendlichen vordrang, desto wichtiger scheint es ihm gewesen zu sein, den Rest der realen Welt ganz nah zu spüren, und sei es nur, dass er sich ab und zu mal den Kopf anstieß. Bruder Klaus hatte sich wohl instinktiv der Weisheit aller Eremiten angeschlossen, die, in engen Höhlen und winzigen Klausen wie in einem Uterus lebend, einen ihrem Körpermaß angepassten Ort in der Natur suchten, um so, des Haltes und Zusammenhaltes gewiss, weit über ein normales Menschenmaß hinauswachsen zu können.

Wenn man heute die Bedeutung von Bruder Klaus zu überschauen versucht, dann hat er in den 600 Jahren seit seiner Geburt tatsächlich das übliche Menschenmaß weit überschritten. Er ist nicht nur ein Mystiker, der Katholiken ebenso wie Reformierte, Eidgenossen genauso wie Menschen in der ganzen Welt fasziniert, er gilt auch als der große Friedensstifter unter den christlichen Heiligen, der weise Ratgeber in seelsorgerlichen wie in politischen Fragen, der treue Ehemann, der zugleich enthaltsam und nur für Gott lebt. Da legt sich schon viel (katholischer und eidgenössischer) Goldglanz auf das Leben eines Mannes, dessen innere Seelenbilder, wie besonders Marie-Louise von Franz herausgearbeitet hat, nicht so lieblich und erbaulich wie etwa bei den deutschen Mystikerinnen waren, sondern schroff, archaisch und bis heute schwer verdaulich. Doch gerade in seinem Ringen mit den dunklen, erschreckenden inneren Bildern und ihrer allmählichen Assimilation hat für mich Niklaus von Flüe eine besondere Bedeutung gewonnen. Ich möchte darum von zwei eigenen Träumen berichten, die um das Schreckliche im Numinosen kreisen.

Den ersten Traum hatte ich 1985, also lange bevor ich mich nach dem Besuch im Ranft 1992 näher mit Bruder Klaus und seiner Vision vom schrecklichen Gottesantlitz beschäftigte. Der zweite Traum stammt aus dem Jahr 2005 und spiegelt eine gewandelte Einstellung dem Schrecklichen gegenüber wider. Nun also zum ersten Traum, den ich während eines Familienurlaubes mit meinem Mann und unserem Erstgeborenen im September 1985 auf Ibiza träumte (als Urlaubslektüre hatte ich ein Buch über »Traumdeutung nach C. G. Jung« dabei).

Ich stehe vor drei großen, archaischen, uralten Toren, alle verriegelt, mit unlesbaren, runenartigen Zeichen bedeckt, wohl von ursprünglich großer Schönheit, aber überwuchert von Pflanzen. Es ist ein wilder, unheimlicher Ort wie im tiefsten Urwald. Als ich gerade versuche, die Zeichen auf den verriegelten Toren zu verstehen, taucht plötzlich ein uraltes, riesiges und zotteliges Weib auf. Ich weiß nicht, ob es eine böse Hexe ist oder ein un-

heimliches Kräuterweib oder sogar eine verwunschene alte Königin, aber ich weiß, dass ich mich entsetzlich vor ihr fürchte. Sie kommt mir sehr nahe, aber dann taucht noch ein wilder Mann mit einem fürchterlichen Angesicht auf, der mich bei meinem Namen ruft und mich töten will. Ich habe große Furcht, aber ich kann mich nicht wehren oder rühren, ich muss ihn trotz meiner Angst direkt anschauen. Da schiebt sich das alte Zottelweib dazwischen und sagt zu mir: »In 15 Monaten bekommst du ein Kind.«

An dieser Stelle bin ich zitternd und schweißgebadet aufgewacht und konnte mich kaum beruhigen. Die Bilder waren extrem gewaltsam und archaisch, von einer überwältigenden Macht, durchzogen von einem lebensbedrohlichen Furor. Nichts davon passte zu der sonnig-heiteren Urlaubswelt, die mich tagsüber auf Ibiza umgab. Hier war etwas ganz Großes, Entsetzliches aus unvorstellbaren Tiefen aufgetaucht und hatte direkt nach mir gegriffen. Eine überwältigende heidnische, uralt-fremde Macht stand hinter diesem Weib, ähnlich einer Göttin in ihrer dunkelsten Gestalt wie Kali in Indien, die den Tod bringt und dennoch Leben verheißt. Und das Gesicht des Mannes war so entsetzlich und unerbittlich gewesen, dass ich mich den ganzen restlichen Urlaub vor dem Einschlafen fürchtete. Ich versuchte den Traum nach dem Aufschreiben zu verdrängen, blieb aber immer wieder an dem sonderbaren Schluss, der Verheißung eines Kindes, hängen. Tatsächlich wusste ich etwa sechs Wochen später, dass ich wieder schwanger war. Damit hob sich aber die Verheißung auf, denn das Baby würde ja in neun Monaten zur Welt kommen und nicht in 15. Traurigerweise habe ich dieses Baby verloren. Und ich bin bald darauf wieder schwanger geworden. Unser zweiter Sohn kam fast auf den Tag genau 15 Monate nach dem Schreckenstraum auf die Welt. Die Verheißung hatte sich erfüllt.

Eine so einschneidende Erfahrung veränderte natürlich mein Nachdenken über Gott und den geheimnisvollen Urgrund des Lebens. Ich hatte das Glück, in meiner Kindheit nie mit einem schrecklichen Gottesbild konfrontiert gewesen zu sein. Gott war voller Liebe und Güte, niemals wurde mit ihm gedroht. Der furchtbare Doppelaspekt des Numinosen, die bedrohliche Seite des Heiligen war mir so verborgen geblieben. Den dunklen Gott kannte ich nicht. Aber auch er will, wie C. G. Jung sagt, Mensch werden. Durch die Beschäftigung mit C. G. Jung und mit Mystikern drängte sich dieser Aspekt aus dem Unbewussten nach oben und erzeugte mit der Zeit eine Korrektur meiner sehr einseitigen bewussten Sicht. Je mehr ich mich in meiner spirituellen Praxis nach innen wandte und mich für den Gottesgrund in mir öffnete, desto mehr Schrecken tauchten auf und desto mehr Schattenarbeit war zu leisten. Langsam lernte ich Ehr-Furcht vor der unfassbaren Lebendigkeit Gottes, oder, wie C. G. Jung sagt: »Das ist das ewige Evangelium (im Gegensatz zum zeitlichen): Man kann Gott lieben und man muss ihn fürchten.« Als ich mir dann nach meinem Besuch im Ranft 1992 das großartige Buch von Marie-Louise von Franz über die Visionen des Nikolaus von Flüe zulegte, war ich tief bewegt. Hier begegnete ich einem Mystiker, der seine inneren dunklen Gottesbilder nicht unterdrückt hatte. Er hatte sich in einem heroischen, einsamen Ringen der schrecklichen Seite Gottes so lange gestellt, bis er die unerträgliche Gegensatzspannung von Licht und Finsternis, Liebe und Furcht, Heidnischem und Christlichem, Bewusstem und Unbewusstem in seinem heilsamen Radbild wieder vereinen und durch diesen Prozess ein »einig Wesen« hinter den Gegensätzen erfassen konnte.

Ich möchte noch den zweiten Traum schildern, den ich knapp 20 Jahre später im Februar 2005 träumte. Auch hier geht es um ein schreckliches Gottesbild, und es gibt einen direkten Bezug zu Bruder Klaus.

Ich bin in einer großen katholischen Kathedrale. Hier ist es ziemlich kalt und düster, alles erscheint grau und verstaubt. Es sind jedoch allerhand Menschen hier drinnen, die sich aber nicht zum Gottesdienst versammelt haben, sondern sich wie auswärtige Besucher oder Touristen umschauen. Bei mir sind mein Mann, unser zweiter Sohn (damals 19) und unsere Tochter Sophia (damals 8 Jahre). Auch wir schauen uns jeder für sich in der Kirche um. Sie hat mächtige gotische Stützpfeiler, und mir gefallen die Deckengewölbe mit den schönen Strebungen. Dann entdecke ich etwas im Abseits an einem der hinteren Stützpfeiler einen mit schwarzen Vorhängen abge-

trennten Bereich, der irgendwie gleichzeitig an einen Beichtstuhl als auch an ein Gruselkabinett auf dem Jahrmarkt erinnert, weil man dort anstehen muss, um einzeln hineingehen zu dürfen. Und tatsächlich kommen viele Menschen mit entsetztem Gesicht wieder heraus, sodass man sich schon bei ihrem Anblick erschrecken könnte. Ich mache aber das Gegenteil. Ich stelle mich so davor, dass ich mitbekomme, was da drinnen los ist. So begreife ich, dass man hinter den schwarzen Vorhängen in einen Spiegel schauen und eine bestimmte Formel sagen muss. Dann erscheint schockartig der Kopf eines jungen Mannes im Spiegel, der mit einem spitzen Dolch in der rechten Hand auf einen zeigt. Der Mann hat einen Bart, längere, wirre dunkle Haare und Augen und einen fürchterlichen Gesichtsausdruck. Mein Mann und unser Sohn kommen zu mir und wollen wissen, was es da drin zu sehen gibt. Ich erkläre ihnen (wohlgemerkt: im Traum), dass es sich um ein schreckliches Gottesbild handeln könnte. Ich sage ihnen auch die geheime Formel, die man unablässig zu seinem Schutz murmeln muss, wenn man in den Spiegel schaut. So gehen sie gemeinsam hinein und erschrecken doch noch, obwohl ich sie gewarnt habe. Nachdem sie ihren Schrecken überwunden haben, stehen wir zu dritt zusammen und überlegen, wie so etwas funktioniert. Ich erzähle, dass Niklaus von Flüe auch ein schreckliches Gottesbild gesehen und dazu sein Rad gemalt hat mit den spitzen dolchähnlichen Zacken. Darum, meine ich, müssten wir uns auch keine Sorgen machen. Wir drei finden, das Bild sei hier in der Kirche gut aufgehoben. Unsere Jüngste, Sophia, spielt und singt unterdessen die ganze Zeit selbstvergessen zwischen den Bänken. Ich sehe überall ihre rotweiße Jacke leuchten, die von meiner Mutter ist und die ich schon selbst getragen habe, ein zeitloses Stück. Die Kirchenbesucher freuen sich über Sophia, und ich weiß immer, wo sie ist. Am Ende gehen wir vier durch den Mittelgang nach vorne zum Chor, wo wir die bunten alten Glasfenster anschauen wollen. Die meisten Fenster in Chorraum sind jetzt aber mit klarem Glas gefüllt. Mir gefällt das gut, und ich sage, dass so ja viel mehr Licht in die Kirche kommt und sie jetzt auch nicht mehr nur katholisch, sondern zugleich auch protestantisch ist. Hier vorne ist es richtig schön warm und freundlich. Viele frische Früchte in ungewöhnlich leuchtenden Farben liegen auf dem Altar, der halb orien-

talisch oder indisch ausschaut. Sophia greift fröhlich zu und verteilt hüpfend und tanzend die Früchte an uns und die anderen Kirchenbesucher.

Natürlich will ich diesen Traum hier nicht ausführlich deuten. Ich glaube aber, man sieht deutlich den Unterschied zu dem ersten. Ich bin dem Schrecken nicht ausgeliefert, sondern kann ihm in einem sakralen Kontext mutig begegnen. Ich bin nicht allein, sondern in einer kommunikativen Quaternität geborgen, die aus Vater und Sohn, Mutter und Tochter besteht. Das schreckliche Gottesbild, die dunkle (und gefährlich junge!) Seite Gottes hat einen angemessen abgeschirmten Ort innerhalb der Kirche gefunden, direkt an einem wichtigen Stützpfeiler. Es hält uns einen Spiegel vor, ermöglicht heilsames Erschrecken, einen Prozess der Schattenarbeit und Bewusstwerdung der eigenen Un-Tiefe, der die Einzelnen und die gesamte Kirche als solche verändert. Zu den bunten mittelalterlichen Fenstern gesellt sich das klare Fensterglas der Moderne. Die Kirche erweist sich nun als katholisch *und* protestantisch, mystisch *und* aufgeklärt, kann abendländische *und* orientalische (Mystiker-)Früchte anbieten, die von der tanzenden Sophia-Weisheit großzügig verteilt werden.

Aus diesem Traum bin ich sehr froh aufgewacht. Die universale Botschaft des Niklaus von Flüe wirkt auch nach 600 Jahren transformatorisch auf uns Menschen von heute. Mich hat sie im Innersten berührt, ermutigt und meine Wandlungsprozesse nachhaltig unterstützt. Ich hoffe, dass wir Christen von Bruder Klaus, dem Mystiker des »einen Wesens«, weiterhin lernen, uns mutig der Schattenarbeit in unseren eigenen Reihen zu stellen. Nur wer seinen eigenen Schatten anschaut, wer über die Untiefen in sich selbst erschrocken sein kann, wird andere Menschen behutsam bei der Integration der eigenen dunklen Seite begleiten können. Und selbst dann gilt: Der dunkle Vorhang will von jedem Einzelnen selbst vorsichtig gelüftet werden. Niemand sollte sich erdreisten, ihn für jemand anderen aufzureißen. Denn wer den Menschen in der Kirche ein lebendiges, junges Bild Gottes aufzeigen will, der muss damit rechnen, dass er einen Gottesschrecken provoziert. Gerade der lebendige, nach uns greifende, uns ganz und gar ergreifende hell-dunkle Gott bleibt ein Schock für uns – wir sind ja eher harmlose Gottesbilder gewohnt. Aber bei Bruder Klaus können wir in die Schule des Geistes gehen und von ihm lernen: Wesenseinung, Weisheit, Friedenskraft und Menschenliebe erwachsen nicht nur aus dem hellen Licht der Gottesliebe, sondern auch aus dem dunklem Grund der Gottesfurcht.

Eins-Sein

Maria Sassin

Alles ist eins
alles ist eins
das Ich und das Du und die Welt
und die Welt und du und ich
und was in mir ist
und was in dir ist
und was ich spüre und denke
und was dich ausmacht
und der Vogel im Nest in der Hecke
und die Hecke um den Vogel im Nest
und das Gras
und die Worte
und die Erde
und das WORT
alles ist eins
alles ist eins.

Der Fluss, meine Meisterin

Sebastian Painadath

Ich lebe am Ufer eines großen Flusses in Süd-Indien. Unser Ashram steht neben dem 600 Meter breiten *Poorna* (= die Fülle). Fast täglich halte ich geistliches Zwiegespräch mit dem Fluss. Ich frage ihn: Woher kommst du? Wohin fließt du? Warum bist du so rastlos, immer in Bewegung? Und doch bist du ganz ruhig! Was ist dein innerer Antrieb? Warum fasziniert dich das Meer, das du doch nicht gesehen hast? Mein Verstand, der alles in Sicherheit begreifen will, hat bisher kaum eine Antwort erhalten. Aber in meiner Vernunft, in der tieferen intuitiven Wahrnehmung, ahne ich, worum es geht. Ich spüre, dass meine Fragen nicht bloß an diesen Fluss gerichtet sind, sondern vielmehr an den Fluss des Lebens. Der Fluss lässt mich das Geheimnis des Lebens spüren. Wenn ich am Fluss sitze und meditiere, dann erwachen all diese Fragen, die mich am Staunen halten. Das Staunen ist der Anfang der Weisheit.

Der Fluss fließt unmittelbar vor mir. Aber ich spüre deutlich, dass er durch mich hindurchfließt. Das Wasser im Fluss und das Wasser in meinem Körper sind eigentlich eins. Der Fluss speist unseren Brunnen, aus dem wir das Trinkwasser holen. Er ist die Lebensader des Dorfes. In Indien empfinden wir Flüsse als eine sakrale Wirklichkeit. In unseren heiligen Schriften gibt es die Vorstellung, dass der Fluss eigentlich einen verborgenen göttlichen Ursprung hat. Es ist der göttliche Antrieb, der aus dem Schoß des Berges einen Fluss gebiert. So wird Ganges als die Tochter der Himalayas betrachtet: Shiva lässt sein Lebenselixier durch den Ganges fließen. Unser Fluss *Poorna* ist die Tochter der Western Ghats. Das Baden darin ist für die Inder ein Ritual, nicht nur zur körperlichen Sauberkeit, sondern auch zur geistigen Reinigung. Das fließende Wasser ist *lebendiges* Wasser, daher lebenspendendes Wasser. Das Untertauchen darin ist eine archaische Erfahrung der Rückkehr in den Mutterleib. Weil das werdende Wesen im Mutterleib mehrere Monate vom Wasser des

Lebens getragen, geschützt und genährt wird, kann das Untertauchen eine heilende Erfahrung werden. Daher gibt es in jedem Menschen eine Urfaszination für das fließende Wasser. Darum hat man auch Ashrams am Ufer der Flüsse gegründet. Wenn Menschen gehetzt vom Beruf zu unserem Ashram kommen, empfehle ich ihnen, mehrere Stunden am Fluss zu sitzen und zu meditieren. Dort finden sie einen schnellen Zugang zu Entspannung und Ruhe. Wer mit dem Fluss räsonieren kann, erfährt das Heil. Als Jesus begann, öffentlich zu wirken, ging er zum Jordan, um vom Fluss den heilenden Segen zu empfangen.

Ich komme noch einmal zurück zu den Fragen, die ich seit vielen Jahren dem Fluss stelle. Ich suche eigentlich keine endgültige Antwort, aber ich will die Fragen weder verdrängen noch das Staunen verlieren. Darum meditiere ich gerne am Fluss, bei meiner *Meisterin*. Einmal ging in mir Folgendes auf: Was betrachte ich eigentlich? Den Fluss des Wassers oder das Wasser des Flusses? Oder noch konkreter: Sehe ich den Tropfen des Wassers oder das Wasser des Tropfens? Es ist eigentlich eine alte philosophische Fragestellung. Wenn ich mich auf den Tropfen konzentriere, sehe ich die Gestalt, wenn ich aber das Wasser spüre, nehme ich den Gehalt wahr. Der Tropfen bezieht sich auf die Form; das Wasser ist die eigentliche Wirklichkeit. Der Tropfen als Einzelwesen vertritt die Begrenztheit; das Wasser als Gesamtwesen aber steht für die Grundoffenheit.

Übertragen bedeutet das: Wenn ich den Fluss als Fluss betrachte, dann sehe ich die begrenzte Gestalt mit ihrer äußeren Schönheit. Wenn ich aber das Wasser wahrnehme, dann erlebe ich den Gehalt des Flusses mit seiner inneren Dynamik. Der Fluss als Ganzes hat beide Dimensionen. Und er ist ein Sinnbild für den Lebensprozess. Bei vielen Mystikerinnen und Mystikern ist der Fluss ein treffendes Symbol für die allerletzte Beziehung des Menschen mit dem Göttlichen.

Das Flusssymbol im Osten

Bei den östlichen Meistern der Upanishaden (800–400 v. Chr.) findet man die folgende Beschreibung:

So wie die strömenden Flüsse im Ozean untergehen und Name und Gestalt aufgeben, ebenso geht der Weise, von Name und Gestalt befreit, zum höchsten göttlichen Purusha.

Mundaka Upanishad, 3.2.8

Wenn die Flüsse das Meer erreichen, verlieren sie ihre Namen und Formen und sie werden zum Meer verwandelt. So werden die Einzelwesen mit der göttlichen Purusha vereinigt.

Prasna Upanishad, 6.5

Wenn der Fluss ins Meer einfließt, verliert er seine Form und Gestalt, seinen Namen (den wir Menschen ihm gegeben haben) und seine Bezeichnung. Nach dem Einfließen erkennt er seine bisherige begrenzte Form nicht mehr.

Der Fluss weiß nicht mehr »ich bin dieser oder jener Fluss«.

Chandogya Upanishad, 6.10

Er hat seine Begrenztheit total überwunden, denn er ist mit dem unendlichen Meer ganz eins geworden. Er hat seine Individualität verloren, aber seine Ganzheit entdeckt. Solange der Fluss als Fluss fließt, bleibt er als Individuum. Wenn er aber ins Meer einfließt, gelangt er zum Eigentlichen. Es ist ein Stück Tod und Auferstehung. Der Fluss verschwindet, aber das Wasser ist verwandelt zu neuem Sein. Das Wasser besteht aus vielen Tropfen, aber alle Tropfen sind miteinander verbunden. Jeder steht im Bezug mit jedem anderen Tropfen.

Der Fluss Melchaa am Talgrund des Ranft

Diese Bezogenheit, die den Wassergehalt ausmacht, ist das Symbol des Personseins. Wir Menschen als Personen sind Beziehungswesen. Die Person besteht aus Relation (*Persona est relatio subsistens*). Das Individuum ist ein geschlossenes Wesen; Person ist eine offene Wirklichkeit. Individualität ist stark auf das Ego bezogen; Personalität ist auf das wahre Selbst bezogen. Oft herrscht in unserem Wachbewusstsein die Individualität mit all den habgierigen Einstellungen. Aber wir erkennen unser wahres Personsein, wenn wir die Egofixierung überwinden und uns dem größeren Selbst öffnen. Dazu kommen wir durch die Begegnung mit einem Du. Darum heißt es: Durch das Du werde ich zum wahren Ich!

Wir können nur ahnen, wie der letzte Seinszustand aussehen wird. Der Fluss weiß nicht, wie er die Ankunft im Meer erleben wird. Das Bild des Einfließens ins Meer ist ein erhellendes Bild, um unseren allerletzten Zustand zu erahnen. Wir verlieren im göttlichen Grund unsere begrenzte Individualität, aber wir verwirklichen unser Personsein. Es geht nicht um die Vernichtung des Seins, sondern um die Verwandlung des Lebens im Göttlichen. Kein Tropfen des Wassers wird verlorengehen, alle sind in der Seinsdynamik des Meeres gut aufgehoben. Alle Tropfen tanzen mit den Wellen des Meeres. Diesen Tanz spürt der Fluss, und er eilt dahin. Daher seine Rastlosigkeit:

Du hast mich auf Dich hin geschaffen;
unruhig ist mein Herz, bis es in Dir Ruhe findet.

— Augustinus

Flüsse fließen von Ost und West ins Meer.
Alle werden am Ende zum Meer selbst.

— Chandogya Upanishad, 6.10

Unser Leben fließt in das göttliche Leben hinein. Die Kirchenväter bezeichnen diesen Prozess als die Vergöttlichung des Menschen (*Theosis*). Sie beschrieben es nicht einfach als einen Zustand, der auf uns wartet, sondern als eine Erfahrung, die wir jetzt schon machen dürfen. In den tieferen Schichten unseres Seins geschieht eigentlich dieser Vergöttlichungsvorgang. Es ist nicht etwas, das wir erzeugen, sondern etwas, das wir in Gnade empfangen dürfen. Gottes Geist verwandelt unser Leben ständig in das göttliche Leben, denn wir sind zum göttlichen Bewusstsein berufen. Wie der Fluss die Anziehung des Meeres in sich spürt, erfahren wir auch die Anziehung des göttlichen Lebens. Wir brauchen nur nach innen zu spüren und sie im Herzensraum wahrzunehmen.

So wie reines Wasser, ins reine gegossen, dasselbe bleibt,
ebenso bleibt das Selbst des schweigenden Weisen, der erkennt.

Katha Upanishad, 4.15

Auch im Taoismus findet man dieses Symbol:

Wie Flüsse ins Meer fließen, geht alles unter dem Himmel in den Tao ein.

Tao Te Ching 32

Flusssymbol im Westen

Die christlichen Mystiker verwenden dieses archetypische Bild, um die *unio mystica* zu verdeutlichen:

Wir wollen nun von der göttlichen und geistlichen Vermählung sprechen. Diese geheime Vereinigung vollzieht sich in der allerinnersten Mitte der Seele, also an dem Ort, wo Gott selbst weilt. Was der Herr hier der Seele in einem Augenblick mitteilt, ist ein so großes Geheimnis und eine so hohe Gnade, und das Entzücken, das die Seele dabei empfindet, ist so übermächtig, dass ich es mit nichts anderem vergleichen kann als der Seligkeit im Himmel. Es lässt sich nichts weiter davon sagen, als dass die Seele eins geworden ist mit Gott. Hier ist es, wie wenn Wasser vom Himmel in einen Fluss oder eine Quelle fällt, wo alles nichts als Wasser ist, sodass man we-

der teilen noch sondern kann, was nur das Wasser des Flusses ist, und das Wasser, das vom Himmel gefallen; oder es ist wie wenn ein kleines Rinnsal ins Meer fließt, von dem es durch kein Mittel mehr zu scheiden ist.

Teresa von Ávila, 1515–1582, Die innere Burg, zitiert nach Ruhbach/Sudbrack, Christliche Mystik, München, 1989, S. 298–299

Mit diesem Bild versucht Teresa die tiefe Einheitserfahrung mit Gott darzustellen. Es geht hier nicht um die Vernichtung der Seele, sondern um die Verwandlung der Seele im Meer des göttlichen Geistes. Um dies zu verdeutlichen, zitiert sie Paulus:

Vielleicht ist es dies, was Paulus mit den Worten meint: Wer sich mit dem Herrn nährt und an ihn sich hängt, der wird ein Geist mit ihm. Damit spielt er wohl auf diese erhabene Vermählung an, die voraussetzt, dass Gott durch eine Vereinigung zur Seele gekommen ist. Darum sagt er: Für mich ist Christus das Leben.

Die innere Burg, ebd.

Johannes verwendet das Wassersymbol, um zu verdeutlichen, dass die Gegenwart Christi in uns »wie Ströme von lebendigem Wasser« sich entfalten wird (Joh 7,38). Paulus spricht von der Liebe Gottes, die »durch den Heiligen Geist in unsere Herzen ausgegossen wird« (Röm 5,5). Im Petrusbrief wird gesagt, dass wir »an der göttlichen Natur teilzuhaben« berufen sind (2 Petr 1,4). Unser Leben entfaltet sich eigentlich nicht *vor* Gott, sondern *im* göttlichen Vorgang, im innertrinitarischen Lebensprozess.

Auch bei den islamischen Sufis finden wir das Flusssymbol:

Der Tropfen, der du bist, soll das Meer werden.

Rumi, Shams-i-Tabriz, Ode 12

Dualität und Ichheit und Erheit sind alles subjektive Zusätze zu der Essenz des Durch-sich-selbst-Bestehens. Man soll diese drei Worte im Meere des

Auslöschens ertränken und die subjektiven Eindrücke hinwegreißen, denn alle Dinge sind vergänglich außer Seinem Angesicht.

Schihabaddin Yahya as-Suhrawardi (1156–1191), zitiert nach Annemarie Schimmel, Gärten der Erkenntnis, München 1995, S. 110–111

Auf der tiefsten mystischen Ebene entfaltet sich eine Alleinheitserfahrung.

Gott fließt

Eine Frage, die mich immer am Fluss beschäftigt, ist: Woraus fließt der Fluss? Was ist der eigentliche Ursprung? Man vermutet, dass der Fluss aus bestimmten Bergquellen entsteht. Aber die Frage bleibt: Wodurch entstehen diese Quellen? Der Regen speist sie. Aber woher kommt der Regen? Von den Wolken, die aus dem Meer mit Wasser »aufgeladen« werden. So kommen wir zum Zielort des Flusses, der gleichzeitig zum Entstehungsort wird. Wir spüren hier einen lebenspendenden Kreislauf. Der Antrieb dahinter ist die Sonne. Sie wärmt das Meereswasser, treibt die Feuchtigkeit hoch, verwandelt sie zu den Wolken und gießt das Wasser auf die Erde. So könnte man sagen: Der Fluss ist von der Sonne getrieben. Wir wissen aber nicht, was die Sonne eigentlich ist. Obwohl wir in der Sonne da*heim* sind, bleibt sie ein großes Ge*heim*nis. Die Sonne ist uns ganz nah und doch von uns ganz fern. Sie scheint durch uns hindurch und belebt jede Zelle unseres Körpers; trotzdem bleibt sie ein unfassbares Geheimnis. Bei den alten Völkern war die Sonne immer das Symbol des *mysterium tremendum et fascinosum*. Das älteste Gebet von Echnaton aus dem Ägypten des 14. Jahrhunderts vor Christus ist eigentlich von der Sonne angeregt.

Die Meditation am Fluss führte mich also zur Sonne. Sie sieht wie ein Planet aus. Aber in Wirklichkeit ist sie ein ungeheurer Energiestrom. Wenn die Sonne der Lebensantrieb in unserem Planetensystem ist, brennt sie wie die kosmische Flamme: in einer enormen Bewegung. Wir empfinden den gesamten Kosmos als eine sich ausdehnende Wirklichkeit. Der Fluss fließt, weil die Sonne brennt. Alles ist im Fließen, weil der Urantrieb selbst ungeheure Bewegung ist. Es gibt nichts Statisches im Kosmos. Alles ist in Bewegung. Der Kosmos ist ein ewiger Tanz. Der Fluss erinnert mich daran, dass alles im Fließen ist. Im Fluss gibt es keinen einzigen Tropfen, der steht. Der Fluss ist ein tanzendes Wesen, eine werdende Wirklichkeit. So ist auch mein Körper, so sind die Bäume und auch die Erde. In der atomaren Struktur erkennen wir die Grunddynamik des Seins.

Wenn alles in Bewegung ist, können wir uns dann mit einem statischen Gottesbild abfinden? Die personifizierten Gottesbilder, die die Religionen als Gegenstände der Verehrung aufstellen, können nicht die spirituelle Suche sättigen. Sie können ein Stück weit den Verstand ansprechen und die Gefühle befriedigen, aber das geistige Verlangen führt uns weit über die Bilderwelt hinaus. Hier stoßen wir an die Grenze der Sprache, in der Theologie und Liturgie, im Glauben und Beten. Daher gilt die Warnung von Augustinus: Wenn du Gott begreifst, ist es nicht mehr Gott (*si comprehendis non est Deus*). Das alte Axiom *Deus semper major* bleibt eine ständige Kritik an jeder religiösen Darstellung, an jedem Gottesbild, an jeder Form der Theologie.

Hier meldet sich die Kraft der Mystik. Die Mystikerinnen und Mystiker aller Religionen fordern ständig dazu auf, über jeden Namen und jede Form hinaus zu gehen. Wenn ich am Fluss sitze, soll ich über die Gestalt des Flusses hinaus in die Tiefe schauen und die Seinsdynamik des Wassers wahrnehmen. Das kann ich nur, wenn ich mich mit dem Fluss identifiziere und erlebe, wie er eigentlich durch mich hindurchfließt.

Wenn alles in Bewegung ist, dürfen wir ahnen, dass das Göttliche die Urbewegung ist, der Urantrieb: nicht als *motor immobilis*, sondern als *motor movens*! Die Seinsdynamik im Göttlichen wird überall als der Geist bezeichnet. Der Geist bedeutet Hauch (*ruach/pneuma/spiritus atman/chi*), Lebensodem, Wind, Atem.

Der Wind weht, wo er will; du hörst sein Brausen, aber weißt nicht, woher er kommt und wohin er geht; so ist es mit der Wirkung des Geists.

Joh 3,9

»Wenn Gott Geist ist« (Joh 4,24), dann ist Gott Bewegung. Gottes Sein ist im Werden. Gott fließt. Trinität heißt, Gott ist Tanz (*perichoresis*): Vater, Sohn und Geist sind in einer ewigen Durchdringung (*circumincessio*). Wenn der klassische Buddhismus die Gesamtwirklichkeit als *sūnya* bezeichnet, ist die Grunddynamik damit gemeint (*Swi* = sich ausdehnen, expandieren). Die hinduistischen Bezeichnungen wie Brahman (*brh*) und Atman (*an*) weisen auch auf die Seinsdynamik des Göttlichen hin. An den Ursprüngen aller Religionen erwacht man zu der dynamischen Dimension des Göttlichen. Allmählich entfalten sich statische Bilder, die eine unerlässliche Entwicklung in allen Religionen sind. Solange wir Verstandesmenschen sind, brauchen wir Gottesbilder und Gottesnamen. Die Mystik aber führt uns über solche Formen hinaus in die immer weiteren Horizonte des Geistes. Daher kritisiert die Mystik immer wieder festgefahrene Gottesbilder und formelle Riten. Die Mystik versucht in allen Religionen, die Wahrnehmung der Seinsdynamik wachzuhalten.

Via Cordis

Seit mehreren Jahren kam ich fast jedes Jahr nach Flüeli ins VIA CORDIS-Haus, um einen Meditationskurs zu halten. Mich spricht das Grundanliegen der VIA CORDIS sehr an: die Wiederbelebung der Mystik im christlichen Glauben. Zudem fasziniert mich die Grundoffenheit gegenüber allen Konfessionen und Religionen. Die Mystik ist eigentlich der tiefste Treffpunkt der Religionen. Hier begegnen sich die Suchenden aller Religionen und Kulturen. Mystik hilft uns, die belebende Gegenwart des Göttlichen in der Natur, im kosmischen Tempel zu erspüren und daraus mit Respekt gegenüber Menschen und allen Dingen umzugehen. Dafür steht VIA CORDIS an einem schwingungsreichen Ort. Der Ranft und der Fluss, die Berge und die Täler, die Bäume und die Vögel und vor allem der Pilgerort, die Kapelle und Klause von Bruder Klaus – alles begleitet jede(n) auf dem inneren Weg. Ich kann mir vorstellen, dass der Mystiker Niklaus von Flüe in seinen stillen Momenten an der Melchaa geistliche Zwiegespräche mit dem Fluss gehalten hat. Er hat vielleicht die Fragen, die ich an unseren Fluss stelle, selbst auch gestellt und ist dadurch zu tiefen Einsichten gekommen. Jede(r) Mystiker(in) ist mit seiner/ihrer Umwelt tief verbunden. Wir können von den Bäumen und Flüssen, von den Bergen und vor allem von Erde und Sonne viel Nahrung für das geistliche Leben empfangen und viel Klarheit im Glauben erhalten. Gott hat nur einen Tempel gebaut: den Kosmos; alles andere haben wir Menschen mit unserer Anstrengung und nach Fantasie aufgestellt. Wir wissen, »dass Gott nicht in Tempeln wohnt, die von Menschenhand gemacht sind« (Apg 17,24). Im kosmischen Tempel, worin der göttliche Geist als Urkraft waltet und alles neu gestaltet, treffen wir Menschen aller Religionen und Kulturen, über alle Grenzen hinweg. Darin sind wir alle mitpilgernde Schwestern und Brüder. Dafür setzt VIA CORDIS ein wirksames Zeichen. Und darum ist das VIA-CORDIS-Haus und der Ranft eine Auftankstelle für viele suchende Menschen verschiedener Konfessionen und Religionen. Durch die geistvollen Kurse und geistlichen Ansätze nimmt VIA CORDIS am gestaltenden Werk des göttlichen Geistes Teil. Ich bin dankbar, dass ich dazu einen kleinen Beitrag leisten konnte.

»Mein Herr und mein Gott« – Beten mit Bruder Klaus

Obere Ranftkapelle, Innenansicht

Nur durch Schauen

Maria Sassin

Nur durch Schauen
nicht durch Tun
zur Mitte finden

dann aber
Aktion
nach außen tragen

die Mitte als Segen
für das Weltgesamt
nach außen bringen

und zugleich
tief im Schauen
verharren.

Kann ich heute noch so beten wie Bruder Klaus?

David Steindl-Rast

Nach dem Zweiten Weltkrieg durfte ich als Student meine ersten Auslandsferien in der Schweiz verbringen und machte damals eine Wallfahrt zu Bruder Klaus nach Flüeli-Ranft. Seitdem bete ich folgendes Gebet, das, wenn auch nicht genau in dieser Form, auf Bruder Klaus zurückgeht:

Dich bitte ich, o Gott,
nimm alles weg von mir,
was Du nicht bist
und was mich wenden kann von Dir.
Gib mir, dass ich zu Dir
mich herzlich könne neigen
und endlich nimm mich mir
und gib mich Dir zu eigen.

Wie vieles sich doch verändert hat in den nun schon sieben Jahrzehnten seit meinem ersten Besuch in der Einsiedelei im Ranft. Es scheint mir, als hätte Europa in der ersten Hälfte des 20. Jahrhunderts der Welt des heiligen Niklaus von Flüe näher gestanden als unserer Welt heute. Und dabei denke ich nicht nur an Erfindungen wie Fernsehen, Flugzeuge, Internet oder Mobiltelefone, die unser tägliches Leben völlig verändert haben, sondern an grundlegende Veränderungen unseres Weltbildes. Damals wurde ein unbegrenztes Wachstum der Erdbevölkerung kaum infrage gestellt, doch seither hat sie sich schon zweimal verdoppelt. Und jeden Tag werden 200.000 Menschen mehr geboren als sterben – also ein Bevölkerungszuwachs von weit über 100 Menschen pro Minute. Astronauten haben von unserem blaugrünen Erdball Fotos aufgenommen, die uns entzücken, uns zugleich aber bewusst machen, dass auf einem begrenzten Planeten unbegrenztes Wachstum selbstmörderischer Wahnsinn ist.

Aber nicht nur unser Weltbild hat sich gewandelt, unser Gottesbild vielleicht noch mehr. In meiner Jugend galt – kaum je hinterfragt – der erste Lehrsatz des Katechismus, den wir als Kinder auswendig lernen mussten: »*Gott ist ein gestrenger Richter, der das Gute belohnt und das Böse bestraft*.« Die Kluft, die dieser Satz zwischen Gott und uns aufriss, wurde beim Theologiestudium noch vertieft, wenn man uns mit spitzfindiger Logik darüber belehrte, dass zwar die Welt zu Gott, nicht aber Gott zur Welt eine »wirkliche Beziehung« (*relatio realis*) habe. (Wie das übereinstimmen könne mit »so sehr hat Gott die Welt geliebt …«, das fragten wir uns allerdings schon damals.) Spekulativ ließ sich diese Ausdrucksweise schon irgendwie rechtfertigen, aber es blieb eben alles im spekulativen Bereich stecken. Heute wird ein Mensch, der sich über solche Fragen überhaupt Gedanken macht, zunächst von persönlicher Gotteserfahrung und erlebter Gottesbeziehung ausgehen. Auch in unserem Gottesverständnis sind wir dadurch von der Mitte des 20. Jahrhunderts weiter entfernt als diese entfernt war vom Zeitalter des Bruder Klaus.

Wie kommt es also, dass ich mir noch heute gerne und mit Überzeugung ein Gebet zu eigen mache, das Bruder Klaus aus seinem so ganz anderen Welt- und Gottesbild heraus gestaltet hat? Indem ich versuche, mich ehrlich dieser Frage zu stellen und mir über mein Beten Rechenschaft abzulegen, wird sich vielleicht klären, was inmitten all des Wandels doch gleich geblieben ist.

Gott

Beim Wort »Gott« stellt sich gleich eine erste und grundlegende Frage: Was meinen wir eigentlich, wenn wir »Gott« sagen? Ich vermeide so weit wie möglich dieses Wort, denn es wurde auf vielerlei Weise missbraucht und führt daher allzu leicht zu Missverständnissen. Was aber kann es – richtig verstanden – für Menschen heute noch bedeuten? Eigentlich das, was von Anfang an damit gemeint war. Das kennt jeder Mensch aus eigener Erfahrung: Das Wort »Gott« weist auf das Geheimnis hin, mit dem unser menschliches Bewusstsein unumgänglich konfrontiert ist. Was »Geheimnis« bedeutet, das lässt sich recht klar umschreiben: Es ist jene Wirklichkeit, die wir nicht begreifen, nicht in den Griff bekommen, die wir aber verstehen können, indem wir uns von ihr ergreifen lassen.

Der Unterschied zwischen *begreifen* und *verstehen* kann uns vielleicht am Beispiel von Musik bewusst werden. Es ist zugleich der Unterschied zwischen wissen und erleben. Was wir über ein Musikstück wissen – etwa wer es wann und unter welchen Umständen komponiert hat und wie es musiktheoretisch aufgebaut ist –, das kann uns in mancher Hinsicht nützlich sein, das Eigentliche der Musik aber bekommt solches Wissen nie in den Griff. Wir können ein Stück nur verstehen, wenn wir es hören und davon ergriffen werden. Was uns so in Bezug auf Musik bewusst werden kann, das gilt auch für das Leben als Ganzes: Es bleibt unbegreiflich, aber in Augenblicken der Ergriffenheit – zum Beispiel bei Gipfelerlebnissen – können wir den Sinn ahnend verstehen, weil wir mittendrin stehen und nicht als Beobachter davon abgesetzt. In dieser Hinsicht ist das Leben zugleich Bild für das große Geheimnis und mehr als Bild – es ist unsere Begegnung und Auseinandersetzung mit dem Geheimnis schlechthin, also mit Gott.

Weil ich wissen wollte, wie weit verbreitet ein solches Verständnis ist, machte ich ein Experiment: Ich gab bei Google die Worte ein: »Leben heißt …« Dadurch ließ ich sozusagen einfach irgendjemanden zu Wort kommen. Was ich fand, waren Eintragungen wie »Leben heißt Veränderung«, »Leben heißt kämpfen, leiden, lieben, loslassen, nicht zu warten, sterben lernen«. Sind nicht all diese Erfahrungen Begegnungen mit einem letzten Geheimnis? Wer das Wort »Gott« richtig verwendet, meint damit eben dieses überragende Geheimnis. In diesem Sinn ist unser menschliches Leben unvermeidlich Gottesbegegnung, ganz gleich, ob wir das Wort »Gott« verwenden oder nicht. An Gott glauben heißt ja nicht, für wahr halten, dass es Gott gibt. Welcher Mensch könnte denn das Geheimnis (und damit Gott) überhaupt leugnen? Beim Glauben geht es nicht um die Frage, ob es Gott (= das Geheimnis) gibt. Es geht vielmehr darum, ob Lebensvertrauen unsere Lebensangst überwindet. Glaube ist ein Sich-Verlassen auf das Geheimnis – auf Gott, auf das Leben. Dieses Urvertrauen können wir aus Furcht verweigern, oder wir können es mutig verwirklichen durch ein immer neu gelebtes Ja zum Leben.

Du

Das Ja zum Leben ist zugleich ein Ja zum Du – zu jedem Du, das uns im Alltag begegnet, und darüber hinaus zum Geheimnis als dem großen letzten Du. Ein Gottesverständnis, das nicht von Spekulation ausgeht, sondern von tiefster menschlicher Erfahrung, überwindet den Dualismus – wir hüben, Gott drüben –, fällt aber deshalb nicht notwendigerweise in das Missverständnis des Monismus, der für liebende Beziehung zu Gott keinen Raum lässt, weil alles eins ist. Richtig verstanden ist menschliche Gotteserfahrung weder monistisch noch dualistisch, sondern trinitarisch. Gipfelerlebnisse, in denen uns bewusst wird, dass wir mit allem eins sind, können zugleich Höhepunkte unserer tiefsten Du-Bezogenheit sein. So erleben wir das große Paradoxon: Das Eine hat in sich Platz für Beziehung. In unserem Erleben stimmen wir also mit der Dreieinigkeitsmystik des Bruder Klaus überein, durch die er selbst seinen mittelalterlich-dualistischen Denkrahmen sprengt. (Mehr darüber am Schluss meiner Erwägungen.)

Schon mein Ich-Sagen setzt ja ein Du voraus, das mir ebenso unergründlich ist wie mein Ich. Beide sind im Geheimnis verwurzelt. Diese innerste Bezogenheit auf das Geheimnis als Du gehört zu unseren menschlichen Grunderfahrungen. Sie ist nicht an irgendeine Periode der Geschichte gebunden. Bei Bruder Klaus drückt diese Erfahrung sich so aus, dass er Gott als Du anruft. Das ist auch für uns heutige Menschen erlebnismäßig nachvollziehbar. Unsere Du-Beziehung zum göttlichen Geheimnis hat zeitlose Gültigkeit.

Bitten

Nun ist aber neben »Gott« und »Du« »bitten« ein drittes Schlüsselwort im ersten Satz des Gebetes von Bruder Klaus. Da stellt sich die Frage: Können auch wir noch mit der gleichen, nicht hinterfragten Ursprünglichkeit Gott um etwas bitten? Ich glaube, das können wir, solange wir dabei nicht in den Irrtum verfallen, dass Gottes Geben von unserem Bitten abhängig ist. Echtes Bitten drückt eigentlich unser vertrauensvoll vorweggenommenes Danken aus. Das zeigt sich schon, wenn wir einen Mitmenschen um etwas bitten. Wir sagen damit eigentlich: Ich vertraue darauf, dass du meine Bitte gewähren wirst, aber ich nehme das nicht als gegeben hin, sondern ich weiß es zu schätzen. Mit der gleichen Haltung können wir das große Du um etwas bitten. Alles, was »es gibt«, schenkt uns ja das große Geheimnis. Denn worauf verweist das Wörtchen »es«, wenn nicht auf den geheimnisvollen Urgrund, der uns alles schenkt, was »es gibt«? Im Hinblick auf unsere persönliche Beziehung zum Geheimnis sehen wir es als Du an; im Hinblick auf alles, was es gibt, sprechen wir vom Geheimnis als Quellgrund und Mutterschoß von allem, was uns zufließt, zuwächst und geschenkt wird. Ein und dasselbe Geheimnis (auch Gott genannt) begegnet uns als Du und als Es. So leuchtet es ein, dass wir dem Du danken für alles, was es gibt, und es, den Dank vorwegnehmend, um alles bitten.

Nimm alles weg von mir, was Du nicht bist

Kann es im Licht all dessen überhaupt etwas geben, was nicht in seinem innersten Wesen göttlich ist? Für Bruder Klaus war das fraglos so. Ja, da war auf der einen Seite Gott und ihm gegenüber der Widersacher, der Teufel. Dieser absolute Dualismus von Licht und Finsternis ist eine immer wiederkehrende Versuchung für das christliche Denken, ist aber letztlich auf den Manichäismus zurückzuführen, auf eine von der Kirche schon im 3. Jahrhundert zurückgewiesene Irrlehre also, mit der sie immer noch ringt. Bei diesem Ringen geht es um die Frage, was das Böse eigentlich sei. Wo hat das Böse Platz in einem Bild des Ganzen, das Paulus mit den Worten beschreibt:

In Gott leben, weben und sind wir.

Apg 17,28

Wie können wir in diesem Bild das Böse einfügen, ohne das ganzheitliche Gewebe unseres Seins in Gott gedanklich zu zerreißen?

Die hilfreichste Antwort, die ich bisher finden konnte, besagt, dass das Böse das *noch nicht* Gute sei. Das Leben ist ja niemals statisch, und so ist auch das letzte Geheimnis, mit dem wir es zu tun haben, ein Prozess. Solange wir das bedenken, können wir auf das lebensverneinende Böse – ohne seine Furchtbarkeit zu verkennen – mit den Augen einer Mutter schauen. Die Mutter schaut auf die Verfehlungen ihrer Kinder auch mit Blicken, die zu sagen scheinen: »Da wirst du schon noch herauswachsen.« Und dieser hoffende Blick schafft erst den Raum, in den hinein das Kind zu seinem besten Selbst aufwachsen kann. Ich vertraue darauf, dass unser göttliches Du auf uns, so wie wir sind, mit diesem Mutterblick schaut. Und ich bemühe mich, selbst so schauen zu lernen.

Wir Menschen leben im Doppelbereich von Zeit und Ewigkeit. Die Zeit ist das Geschenk immer neuer Möglichkeiten. Im Jetzt aber erleben wir zugleich auch das Unvergängliche. Die Zeit verfließt, von dem geheimnisvollen Delta jedoch, wo Zeit in Ewigkeit mündet, sagt Paulus:

Dann wird Gott alles in allem sein.

1 Kor 15,28

Er spricht also von einem Prozess und seiner Vollendung. In Sehnsucht nach dieser Vollendung bitte auch ich gemeinsam mit Bruder Klaus, dass Gott wegnehmen möge, was noch nicht vollendet, noch nicht völlig zu sich und damit zu Gott gekommen ist.

... und was mich wenden kann von Dir

Im Lebensprozess gibt es Entscheidungen, Irrwege, Versuchungen und Sünde. Das Wort »Sünde« entspringt derselben Wortwurzel wie »absondern«, bezeichnet also alles, was mich abwenden kann von meiner Verbundenheit mit allen anderen, mit meinem wahren Selbst und mit meinem göttlichen Seinsgrund. Dieses Abwenden ist jedoch keine absolute Trennung. Wir dürfen es wohl der mystischen Erfahrung von Bruder Klaus zuschreiben, dass er, von unserer Verwurzelung im göttlichen Geheimnis tief überzeugt, nicht von Trennung spricht, sondern von Abwendung. Daher kann er auch um Bekehrung bitten, um Rückwendung.

Wie soll ich aber dieses Abwenden verstehen, wenn ich doch mittendrin stehe im göttlichen Geheimnis und daran teilnehme? Wir nehmen teil an diesem Geheimnis durch unser Leben, durch einen Wandlungsprozess also. Zugleich erleben wir aber einen inneren Widerstand gegen Wandlung. »*Wolle* die Wandlung!«, muss uns der Dichter zurufen, um uns zu wahrer Lebendigkeit zu ermuntern. Wir sträuben uns gegen Wandlung aus Furcht vor Verwandlung; wir wollen bleiben, was wir sind. »Was sich ins Bleiben verschließt, schon ist's das Erstarrte«, so droht uns Rilke im selben Sonett. Was zwischen *rigor mortis* und Lebendigkeit entscheidet, ist unsere eigene Entscheidung zwischen Furcht und Lebensmut. Leben fließt, Furcht aber sträubt sich dagegen.

Bruder Klaus stellte sich die Versuchung, die uns wenden kann von Gott, wohl mehr als ein Hin- und Hergezerrtwerden zwischen Hinwendung zu Gott und Hinwendung zum Teufel vor. Aber selbst im Rahmen dieser Vorstellung gilt Furcht als die eigentliche Versuchung. Auch mir wurde in meiner Kindheit Versuchung als eine Entscheidung zwischen Gott und dem Teufel erklärt. Dabei stellte man sich den Teufel aber als angekettet vor. »Er kann euch nichts anhaben«, sagte man uns, »wenn ihr euch nicht vor ihm fürchtet.« Im Rahmen meiner heutigen nichtdualistischen Vorstellung von Versuchung bleibt das »Fürchte dich nicht!« jedoch das Entscheidende.

Dabei müssen wir unterscheiden zwischen Furcht und Angst. Dass wir im Leben Angst bekommen, ist unvermeidlich, aber fürchten müssen wir uns nicht. Angst und Enge sind verwandte Wörter. Unsere Urangst ist wohl die Erinnerung an den engen Geburtskanal. Und immer wieder kommen wir in die Enge; immer wieder macht uns das Leben Angst. Mut vertreibt nicht die Angst – man kann mutig sein und *trotzdem* Angst haben. Furcht sträubt sich gegen die Angst, Mut geht tapfer durch die Enge – und daraus wird eine neue Geburt. »Wähle das Leben!« (Dtn 30,19) – mit all seinen Ängsten. Glaubensmut beweist sich durch Lebensvertrauen. Die Wende von Furcht zu gläubigem Vertrauen ist – immer wieder neu – Bekehrung. Mit großer Zartheit spricht das Gebet hier von einem Neigen des Herzens.

Gib mir, dass ich zu Dir mich herzlich könne neigen

In der berühmten Dreifaltigkeitsikone vom heiligen Ikonenschreiber Andrej Rubljow neigen die Gestalten ihre Häupter – bildlicher Ausdruck dafür, dass innerhalb des einen göttlichen Geheimnisses Raum ist für Neigung, Zuneigung. Und von unserem Eintreten in dieses Geheimnis – geneigt und mit niedergeschlagenen Augen – spricht auch der Mystiker Gerhard Tersteegen in seinem Gedicht »Erinnerung der herrlichen und lieblichen Gegenwart Gottes«:

Gott ist gegenwärtig; lasset uns anbeten,
Und in Ehrfurcht vor ihn treten!
Gott ist in der Mitte; alles in uns schweige
Und sich innigst vor ihm beuge!
Wer ihn kennt, wer ihn nennt,
Schlagt die Augen nieder;
Kommt, ergebt euch wieder!

Dabei ist mir immer das Bild von Trauerweiden in Erinnerung, die sich so tief über den Bach neigen, dass die Spitzen ihrer Zweige bei hohem

Wasserstand von der Strömung mitgezogen werden, zurückschnellen und immer wieder mitgezogen werden. Im letzten Geheimnis ist so etwas wie ein Strömen und sich dieser Strömung hinzugeben heißt, sich neigen – in Gott, vor Gott und vor allem, was es gibt, denn in allem begegnet uns Gott.

Je tiefer, je lebendiger wir diese Begegnung erleben, desto inniger sehnen wir uns nach einer letzten Vereinigung. Wir sehnen uns nach einer Heimkehr aus der Vielfalt in die Einheit, in der die Vielfalt aufgehoben wird – aufgehoben in der dreifachen Bedeutung dieses Wortes: hinaufgehoben auf eine höhere Ebene, außer Kraft gesetzt und doch zugleich bewahrt. All das erleben wir auf einer überzeitlichen Ebene mit der gleichen Gültigkeit, mit der Bruder Klaus es erlebte, wenn er betete:

Und endlich nimm mich mir und gib mich Dir zu eigen

Wie kann Gott mich mir nehmen, um mich ganz mit Gott zu vereinen, wenn ich und alle lebendigen Wesen doch schon ursprünglich in Gott »leben und weben und sind«? Kann ich mir auch diese Zeile des Gebetes zu eigen machen, obwohl sie Bruder Klaus wohl eher dualistisch verstanden hat? Dass mir das gelingt, resultiert aus meinem Verständnis des Wörtchens »mir«: Obwohl ich mit allem, was es gibt, und mit dem göttlichen Geheimnis, das alles durchwaltet, untrennbar verbunden bin, verliere ich immer wieder das Bewusstsein dieser Verbundenheit. Grillparzer hat es so ausgedrückt:

Der Mensch ist gut, er hat nur viel zu schaffen,
und wie er einzeln dies und das besorgt,
entgeht ihm der Zusammenhang des Ganzen.

Sobald mir dieser Zusammenhang des Ganzen entgeht, wird mir alles, was mich betrifft, über alle Maßen wichtig. Jetzt beziehe ich alles auf mich als Mittelpunkt des Ganzen, und das rückbezügliche Fürwort »mir« nimmt daher eine zentrale Stellung ein – was *mir* gehört, was *mir* zusteht, was *mir* alles angetan wird ... »Mir, mir, mir!« kennzeichnet das Ego, und was das Ego zum Ego macht, ist Furcht: Furcht, zu kurz zu kommen, Furcht, übervorteilt zu werden, Furcht vor allen anderen. Das Ego ist das Ich, das sein Eingebettetsein im Ganzen vergessen hat und sich in seiner eingebildeten Vereinzelung vor allem fürchtet. Es kann sich aber wieder an das geheimnisvolle Netzwerk des Lebens erinnern, wenn es nur aufwacht. »Nimm mich *mir*« verstehe ich in diesem Sinn als »Wecke mich auf!« Im Epheserbrief heißt es:

Wache auf, der du schläfst, stehe auf von den Toten,
und Christus wird dich erleuchten.

Eph 5,14

»Christus lebt in mir« (Gal 2,20) – in mir und in allem, was es gibt, denn »in ihm« – im Logos – »hat alles seinen Bestand« (Kol 1,16). Zum Bewusstsein dieser Wirklichkeit aufzuwachen, heißt, von den Toten aufzustehen, heißt, vom rückbezüglichen »Mir« zum Du-bezogenen Ich zurückzufinden, heißt, gottverbunden zu leben. Das ist es, worum Bruder Klaus betet, es ist das Ziel wahrer Spiritualität, wahrer Lebendigkeit zu allen Zeiten.

Bruder Klaus: Dreifaltigkeitsmystiker

Mystik ist Erfahrung des Unbegreiflichen. Sie sprengt also notwendigerweise immer den Rahmen dessen, was sich in Worte fassen lässt. Bruder Klaus hat versucht, mit einem abstrakten Dreifaltigkeitsdiagramm auf seine mystische Erfahrung hinzuweisen. Pater Josef Banz schreibt dazu:

»Bruder Klaus ist Zeit seines Lebens auf der Suche nach dem ›einig Wesen‹. Er will Erde und Himmel, Welt und Gott miteinander verbinden. Auf dieser Suche stößt er immer wieder auf den dreifaltigen Gott: So begegnet er drei Männern, in der Brunnenvision fließt eine dreifache Quelle, der geheimnisvolle Pilger spricht ›drei vollkommene Worte‹ aus. Im Ranft

findet Bruder Klaus ein Zeichen, in dem er das übersprudelnde Leben des dreifaltigen Gottes dargestellt sieht. Zu einem Besucher sagt er: ›Wenn es dich nicht verdrießt, will ich dich auch mein Buch sehen lassen, in dem ich lerne. Und er brachte mir eine gezeichnete Figur, vergleichbar einem Rad mit sechs Speichen.‹

Der kleine Punkt in der Mitte ist das Geheimnis Gottes. Der kleine Kreis, der ihn umgibt (die Nabe) ist der Himmel, wo Gott und die Heiligen eine große Gemeinschaft bilden. Der Reifen ist die geschaffene Welt und unsere Lebenswirklichkeit.

Nun gehen von diesem geheimnisvollen Punkt drei Personen aus, erfüllen und umgreifen Himmel und Erde und kehren wieder zum letzten Geheimnis zurück – ein immer wiederkehrender Lebensvorgang mit einer ungeheuren Dynamik und unvorstellbaren Lebensfülle, ein Hinausströmen und Zurückfluten der Liebe.«

Das christliche Gottesbild des 16. Jahrhunderts war theistisch. Bruder Klaus aber wurde durch seine mystische Erfahrung zu Einsichten geführt, die dem panentheistischen Gottesverständnis heutiger Christen nahestehen.

Theisten betonen Gottes Transzendenz – Gott geht unendlich über alles hinaus –, sie sprechen aber nicht gerne von Gottes Immanenz, weil sie befürchten, dass damit eine Vermischung Gottes mit der Schöpfung gemeint sei. Die Pantheisten betonen Gottes Immanenz – Gott ist *in* allem –, sprechen aber nicht gerne von Gottes Transzendenz, weil sie befürchten, dass damit Gottes Trennung von der Welt gemeint sei. Furcht verhindert eine Verständigung der beiden. Wie so oft in einem Streit haben beide Seiten recht in dem, was sie behaupten, Unrecht aber in dem, was sie leugnen. Die Silbe »en« im Wort Pan*en*theismus, die im Griechischen »in« bedeutet, kann u. a. auch so ausgelegt werden, dass *in* einem richtig verstandenen Theismus Platz ist für einen richtig verstandenen Pantheismus.

Der Pan*en*theismus akzeptiert ebenso wie der Pantheismus, dass Gott in allem ist, geht aber darüber hinaus, indem er zugleich auch an der absoluten Transzendenz Gottes festhält, die dem Theismus so wichtig ist. Für den Panentheismus ist Gottes Transzendenz so überragend, dass sie auch über alles hinausgeht, was wir uns unter Transzendenz vorstellen können; so wird sie völlig vereinbar mit Gottes Immanenz. Wir dürfen uns vielleicht die ganze Schöpfung wie ein winziges Stückchen gefrorenes Meerwasser vorstellen, das im Meer schwimmt und sich langsam darin auflöst, ohne dass dabei etwas verlorengeht. Jedes Bild ist allerdings völlig unzulänglich. Das musste wohl auch Bruder Klaus erfahren in seinem Ringen darum, das *»einig Wesen«* zu verstehen und darzustellen. Sollte uns das aber wundern? Ging es ihm nicht um das tiefste Geheimnis der Wirklichkeit? Wer über dieses Geheimnis etwas sagen will, muss zum Paradoxon greifen. Schon im 4. Jahrhundert wurde der Kirchenvater Gregor von Nazianz sowohl dem Anliegen des Theismus als auch dem des Pantheismus gerecht, und sein Paradoxon wird alljährlich in der Weihnachtsantiphon *»Mirabile misterium«* jubelnd gesungen. Es lautet: »Weder Vermischung noch Trennung!«

Originalform des Gebetes von Bruder Klaus

Da ich hier von der Frage ausging, ob ich das berühmte Gebet von Bruder Klaus heute noch beten könne, habe ich jene Fassung besprochen, die ich persönlich benutze. Sie hält sich eng an das Original, stammt aber von dem Kirchenliederdichter Johann Heermann (1585–1647), der erst ein Jahrhundert nach dem Tod von Bruder Klaus (1417–1487) geboren wurde. Der Vollständigkeit halber möchte ich die ursprüngliche Fassung hier wiedergeben:

Mein Herr und mein Gott,
nimm alles von mir,
was mich hindert zu dir.

Mein Herr und mein Gott,
gib alles mir,
was mich fördert zu dir.

Mein Herr und mein Gott,
nimm mich mir
und gib mich ganz zu eigen dir.

In dieser Form wirft das Gebet weniger Fragen auf, als ich zu beantworten versuchte. Die grundlegende Frage bleibt aber die gleiche: Können wir, trotz allen Wandels unserer Welt und unseres Gottesbildes, uns heute noch die gleichen Worte zu eigen machen? Ich meine, wir können und dürfen dies tun – unter einer Bedingung: Dass wir – heute wie zu allen Zeiten – uns beim Beten von Worten nur heimführen lassen ins Unaussprechliche, ins göttliche Geheimnis, ins Schweigen.

Die Mühe mit der Hingabe

Lukas Niederberger

Mit Bruder Klaus verbinden mich verschiedene Ebenen. Dorothea, seine Tochter, heiratete Johann Scheuber. Ihre Ur-Ur-Enkelin Anna Marie Wagner heiratete anno 1665 einen Johann Niederberger. Und 300 Jahre später tauche ich in dieser Ahnengalerie auf. Als Kind bin ich oft mit meinen Großeltern von Stans aus in den Ranft zu meinem berühmten Vorfahren gepilgert. Damals beeindruckte mich vor allem sein steinernes Kopfkissen in der Klause. Sein Zug zur Einfachheit scheint sich in der genetischen Linie erhalten zu haben. Als Jesuitenpater befasste ich mich stark mit dem Verhältnis von Mystik und Politik, Glaube und Gerechtigkeit, Kontemplation und Aktion. Dabei stieß ich wiederholt auf den Mann aus dem Ranft. Im Jahr 2009 wurde ich gebeten, im VIA-CORDIS-Haus St. Dorothea in Flüeli-Ranft interimistisch die Leitung zu übernehmen und dafür zu sorgen, dass die Spiritualität von Bruder Klaus und Dorothea sowie der Ranft als Ort der kraftvollen Stille und des Friedens wieder mehr Bedeutung gewinnen. Keine leichte Aufgabe, denn Bruder Klaus wird von mehreren Seiten vereinnahmt und instrumentalisiert: von den Katholiken als Heiliger und von Rechtsbürgerlichen als EU-Gegner (mit dem Zitat: »Machet die Zäune nicht zu weit«). Viele sehen in Bruder Klaus auch einen Schuft, der Frau und zehn Kinder verlassen hat, um seinem spirituellen Trip frönen zu können. Mein heutiger Bezug zu Bruder Klaus ist primär sein Hingabegebet.

Mein Herr und mein Gott,
nimm alles von mir,
was mich hindert zu dir.

Mein Herr und mein Gott,
gib alles mir,
was mich fördert zu dir.
Mein Herr und mein Gott,
nimm mich mir
und gib mich ganz zu eigen dir.

Bruder Klaus brachte in wenigen Worten die Herausforderung und das Ziel eines spirituellen Weges auf den Punkt. Das Gebet begleitet mich in meinem Alltag, auch wenn ich heute Gott nicht mehr mit »mein Herr« anrufe. Ich würde das Gebet heute so formulieren:

Liebendes Du,
wandle in mir,
was mich trennt von Dir,
Kraftvolles Du,
stärke in mir,
was mich näher bringt zu Dir,
Unendliches Du,
lass mich eins sein mit Dir.

Als Jesuit war ich gewohnt, das Hingabegebet – suscipe – des Ordensgründers Ignatius von Loyola zu beten. Dieses Gebet formulierte er rund fünfzig Jahre nach Bruder Klaus' Tod und stellte es an den Anfang der Geistlichen Übungen:

Nimm hin, o Herr, meine ganze Freiheit.
Nimm an mein Gedächtnis, meinen Verstand, meinen ganzen Willen.
Was ich habe und besitze, hast du mir geschenkt.
Ich gebe es dir wieder ganz und gar zurück und überlasse alles dir,
dass du es lenkst nach deinem Willen.
Nur deine Liebe schenke mir mit deiner Gnade.
Dann bin ich reich genug und suche nichts weiter.

Am Ende des 19. Jahrhunderts prägte Charles de Foucault, der Gründer der Kleinen Brüder und Schwestern, ein weiteres Hingabegebet:

Mein Vater, ich überlasse mich dir,
mach mit mir, was dir gefällt.
Was du auch mit mir tun magst, ich danke dir.
Zu allem bin ich bereit, alles nehme ich an.
Wenn nur dein Wille sich an mir erfüllt und an allen deinen Geschöpfen,
so ersehne ich weiter nichts, mein Gott.
In deine Hände lege ich meine Seele;
ich gebe sie dir, mein Gott, mit der ganzen Liebe meines Herzens,
weil ich dich liebe und weil diese Liebe mich treibt, mich dir hinzugeben,
mich in deine Hände zu legen, ohne Maß,
mit einem grenzenlosen Vertrauen;
denn du bist mein Vater.

Alle drei Hingabegebete sind radikal. Sie fordern heraus, provozieren, erschrecken und erzeugen Fragen und Widerstand. Wer bringt solche Worte aus ganzem Herzen und in aller Konsequenz über die Lippen? Letztlich nur jene, die nicht an ihrem Ego, an ihrer Gesundheit, an einem möglichst langen Leben und am Leben überhaupt hängen. Es sind jene, die in der Fülle leben und biblisch gesprochen den Schatz im Acker gefunden haben. Erschwerend kommt hinzu, dass wir in einer Gesellschaft leben, in der Autonomie und Selbstverantwortung zentrale Werte bilden.

Das Hingabegebet von Bruder Klaus bete und meditiere ich oft, weil es mir die wesentlichen Fragen des spirituellen Weges und des existenziellen Entwicklungsprozesses überhaupt stellt.

Nimm alles von mir, was mich hindert zu dir

Was hindert oder trennt mich denn wirklich von Gott? Wenn Gott Liebe ist, hindern mich alle lieblosen Gedanken, Worte und Taten von Gott. Wenn Gott Friede und Einheit ist, hindern mich alle trennenden Gedanken, Worte und Taten. Und wenn Gott Gerechtigkeit ist, hindern mich all meine ungerechten Gedanken, Worte und Taten.

Da fallen mir spontan unendlich viele Dinge ein. All die kleinen, lässlichen Sünden, mit denen man früher die Priester in den Beichtstühlen gelangweilt hat. Und auch jene Gedanken, Worte und Taten, die zutiefst verletzend sind, für die ich Scham empfinde und die mich daran hindern, wirklich frei zu sein. Es hindert mich sehr vieles, nur an Gott zu denken und mein Leben ganz in Gottes Dienst zu stellen sowie voll und ganz auf Gott zu vertrauen. Tagtäglich sorge ich mich um alle möglichen und unmöglichen Dinge. In solchen Situationen hilft mir das Gebet, mich zu fokussieren, manches zu relativieren und meinen inneren Kompass neu auszurichten.

Gib alles mir, was mich fördert zu dir

Was brauche ich, um mich mehr auf das Göttliche und Wesentliche im Leben ausrichten zu können? Was führt mich effektiv mehr und näher zu Gott? Das können sehr unterschiedliche »Dinge« sein. Manchmal sind es schöne Texte und Musikstücke, manchmal Worte und Zeichen von Freunden, manchmal ein schöner Sonnenstrahl, ein Schmetterling, das Wasser in der Dusche. Oft sind es aber auch völlig unerwartete und nicht nur angenehme Begegnungen, Momente, Situationen und Augenblicke. Wenn ich Gesuche von Armutsbetroffenen lese, wenn ich dem Drogensüchtigen auf der Straße begegne, wenn ich in der Zeitung Bilder vom Krieg sehe oder wenn ich an Massentierhaltung denke. Ebenfalls ungewöhnlich ist, dass uns nicht nur das Liebsein und unsere Friedhöflichkeit Gott näher bringen, sondern offenbar auch unsere Fehler, Schwächen und Schatten. In der Mystik spricht man von der felix culpa, der glücklichen Schuld. Der indische Jesuit Anthony de Mello drückt diese in einem stimmigen Bild aus: »Gott, dort oben im Himmel, hält jede und jeden von uns an einem Bindfaden fest. Bei jeder Sünde schneiden wir den Faden durch; doch Gott fängt uns auf und knotet den Faden wieder fest zusammen. Und weil der Faden durch die Knoten jeweils kürzer und kürzer wird, kommen wir Gott immer ein kleines Stückchen näher. So ist jede Sünde ein Schnitt, und jedem Schnitt entspricht ein Knoten. Und jeder Knoten bringt uns Gott näher.«

Nimm mich mir und gib mich ganz zu eigen dir

Das Gebet gipfelt in der Bitte nach radikaler Hingabe. Der oder die Betende sagt nicht: Ich gebe mich dir hin. Bruder Klaus wusste, dass dies für Menschen ein unmögliches Unterfangen ist. Gott soll vielmehr an uns handeln. Wir können uns lediglich innerlich halbwegs dafür öffnen und bereiten.

Die radikale Hingabe ist bei Bruder Klaus wie auch Ignatius und Charles de Foucault klar biblisch beziehungsweise christlich begründet. Jesus sprach wiederholt davon, dass jene das Leben finden, die es hingeben und dass wir nur dann reiche Frucht bringen, wenn wir uns wie das Weizenkorn in der Erde aufgeben. Ein unbekannt gebliebener Autor bringt in einem Gedicht zum Ausdruck, dass dies letztlich nur kann, wer aus der Erfahrung der Fülle lebt und radikal daran glaubt, dass Hingabe nicht in die Leere und den Tod führt, sondern in die Fülle und in ein radikales Neuwerden:

Ich halte ein Samenkorn
in der Hand.
Mein einziges Korn.

Sie sagen, ich soll das Korn in die Erde legen.
Ich muss mein Korn schützen, mein einziges Korn.
Ich habe nie erlebt, dass es Frühling gibt.

Sie sagen, es wächst neues Leben aus dem Korn.
Ich verliere mein Korn, mein einziges Korn.
Ich habe nie erlebt, dass es Frühling gibt.

Sie sagen, ich muss mein Korn riskieren,
mein einziges Korn.
Aber ich habe nie Frühling erlebt.

Mein Geliebter sagt: Es gibt Frühling!
Ich lege mein Korn in die Erde.

Im »Nimm mich mir« von Bruder Klaus geht es nicht darum, etwas von mir loszulassen oder sein zu lassen, sondern mich selbst zu lassen. In der deutschen Sprache bilden das Lassen und das Gelassensein seit Meister Eckhart eine tiefe innere Verwandtschaft. Er formulierte bereits 150 Jahre vor Bruder Klaus: »Wer sich gänzlich auch nur einen Augenblick ließe, dem würde alles gegeben. Der Mensch, der gelassen hat und gelassen ist und der niemals mehr nur einen Augenblick auf das sieht, was er gelassen hat – dieser Mensch ist gelassen.«

Der gelassene Mensch ist jener, der eine so große innere Freiheit erlangt hat, dass ihm Besitz, Macht und Ehre wenig bis nichts mehr bedeuten und dass ihm Krankheit und Tod zum Bruder und Freund geworden sind. Oftmals meine ich beim Beten des »Nimm mich mir« genau zu wissen, was gemeint ist. Das kleine Ego soll mir genommen werden, und mein wahres göttliches Selbst, das eins ist mit Gott, soll wachsen. Unser eigenes Ego können wir wie alle anderen Dinge, an denen wir haften, leichter loslassen, wenn wir mit dem Grundgefühl der Fülle leben. Die flämische Mystikerin, Schriftstellerin und Beginen-Oberin Hadewijch brachte den Gedanken bereits im 13. Jahrhundert auf den Punkt: »Gib alles hin, denn alles ist dein.«

Gerade wenn und weil wir nicht erfüllt erleben, sondern oft auf die blicken, die noch mehr haben und manches besser können als wir, steht uns unser Ego bewusst und unbewusst im Weg, sogar bei sehr hehren Aktionen und frommen Werken. Wie in der folgenden Geschichte vom Schüler, der zu seinem Lehrer sprach: »Ich bin gekommen, Ihnen meine Dienste anzubieten.« Worauf der Meister antwortete: »Wenn du das ›ich‹ wegließest, ergäbe sich das Dienen von selbst.«

Oft verstehe ich den tieferen Sinn des »Nimm mich mir« aber auch überhaupt nicht. Dann tröste ich mich einfach mit den Worten von Rainer Maria Rilke, die er einmal einem ungeduldigen Schüler schrieb: »Versuchen Sie die Fragen selbst lieb zu haben, wie verschlossene Stuben und wie Bücher, die in einer sehr fremden Sprache geschrieben sind. Forschen Sie jetzt nicht nach den Antworten, die Ihnen nicht gegeben werden können. Es geht darum, alles zu leben. Leben Sie jetzt die Fragen. Vielleicht leben Sie dann allmählich, ohne es zu merken, eines fernen Tages in die Antwort hinein.«

Bruder Klaus

Dorothee van de Poll

Wohin geht unsere Reise vom menschlichen Bewusstsein?
Was ändert sich, und was bleibt?
In der ehemaligen Klause von Bruder Klaus kommen Antworten:
Alles, was aus reiner Liebe geschieht, ist aufgehoben im ewigen Jetzt.
Das bleibt. Alles, was unsere Vorfahren in diesem Sinne errungen haben, hat Bestand.
Alles, was wir selbst aus der reinen Liebe heraus tun und in ihr erfahren und vertiefen, fügen wir dem menschlichen Bewusstsein hinzu.
Es bleibt und wird zum Guthaben für die Menschheit.
Das Schwierige für uns dabei ist die Bindung an unsere Sinne.
Sie ändern sich, leiden, wie genug bekannt, nehmen uns in ihren Griff.
Erst aus der Nichtanhaftung an die Sinne entsteht dieser reine Stoff der Liebe, die Energie, die überdauert und sich im ewigen Jetzt des Selbst verankert.
Welch Klarheit fordernden Weg haben wir da alle vor uns, und was erleben wir nicht alles mit unseren Abweichungen und Teilerfolgen!
Und hier, bei Bruder Klaus in der Klause, spüren wir die Kraft, die sich diesem Kampf ganz gestellt hat; sie wurde erhört und aus der Vergänglichkeit befreit. Spürbar begleitet und ermutigt sie uns nun schon 600 Jahre lang!
Wir danken dir, lieber Bruder Klaus, und allen, die vor und mit uns zum »einig Wesen« vorstoßen. Wir danken dir für diesen Platz in seiner Schlichtheit, wo wir konkret hingehen und mit dir beten können:
Mein Herr und mein Gott, nimm alles von mir, was mich hindert zu dir, mein Herr und mein Gott, gib alles mir, was mich führet zu dir, mein Herr und mein Gott, nimm mich mir und gib mich ganz zu eigen dir.

Friede ist allweg in Gott – Visionen zum Frieden von Bruder Klaus

Anton Rotzetter

1. Machet den Zun nit ze wiit – Den Zaun nicht zu weit setzen

Lebe
in Räumen, die du überschaust,
in Gruppen von Menschen, die du kennst,
hier in der vertrauten Umgebung.

Machet den Zun nit ze wiit

Lebe
mit deinen begrenzten Möglichkeiten,
mit den Kräften, die in dir schlummern,
mit der Fantasie, die dir geschenkt ist.

Machet den Zun nit ze wiit

Sei zufrieden,
selbstgenügsam,
bescheiden.

Machet den Zun nit ze wiit

Steht zusammen.
Was der eine nicht kann, kann die andere.
Vertraut euch gegenseitig.

Machet den Zun nit ze wiit

Zäune ziehen, nicht Mauern errichten.
Durchlässig bleiben
für das Fremde, das andere.
Sich nicht abschotten.

Machet den Zun nit ze wiit

Zäune auch mal verschieben können.
Beweglich bleiben.
Sich den veränderten Verhältnissen anpassen.

Machet den Zun nit ze wiit

2. Mein Herr und mein Gott

Mein Herr und mein Gott,
nimm alles mir, was mich hindert zu Dir.

Das Herz aus Stein
Die Trägheit des Denkens
Die Stumpfheit der Sinne
Nimm mir

Nimm mir
Die Verliebtheit ins Dunkle
Die Verfallenheit an Geld und Geltung
Die Gefangenschaft in Besitz und Eigentum

Mein Herr und mein Gott,
nimm alles mir, was mich hindert zu Dir.
Mein Herr und mein Gott,
gib alles mir, was mich führet zu Dir.

Das Staunen vor den kleinsten Dingen
Die Ehrfurcht vor dem Leben
Den Blick in die Tiefe
Gib mir

Gib mir
Dein Wort und Deine Weisung
Deine Zuwendung und Deine Verheißung
Dein Licht und Deinen Frieden

Mein Herr und mein Gott,
gib alles mir, was mich führet zu Dir.

Mein Herr und mein Gott,
nimm mich mir und gib mich ganz zu eigen Dir.

Meinen Egoismus
Das stete Kreisen um mich
Die Verschlossenheit in mir selbst
Nimm mir

Gib mich Dir
Gib Dich mir
Für immer und ewig

Mein Herr und mein Gott,
nimm mich mir und gib mich ganz zu eigen Dir.

3. Der Stern, der Stein und das Öl

Bruder Klaus erzählte einem Zeitgenossen, er habe schon im Mutterleib einen Stern gesehen, einen Stein und das heilige Öl.

Der Stern
Ich sehe jeden Tag einen Stern
Schon vor meiner Geburt
habe ich ihn gesehen
den Stern

Ich sehe jeden Tag ein Leuchten
ein Strahlen

Schon vor meiner Geburt
habe ich es gesehen
das Leuchten
das Strahlen

Ich sehe jeden Tag die Herrlichkeit Gottes
Schon vor meiner Geburt
habe ich sie gesehen
die Herrlichkeit Gottes

Schon vor meiner Geburt
ist mir geschenkt
die Herrlichkeit Gottes
der Glanz der Ewigkeit
die Fülle des Lebens
der Friede in Gott

So will ich Stern sein
Für die ganze Welt
Leuchten und strahlen
Glanz Gottes in der Zeit
Friede in Gott

Der Stein
Ich sehe jeden Tag einen Stein
Schon vor meiner Geburt
habe ich ihn gesehen
den Stein

Ich sehe jeden Tag die Beständigkeit und Festigkeit
Schon vor meiner Geburt
habe ich sie gesehen
die Beständigkeit und Festigkeit des Steines

Ich sehe jeden Tag die Treue Gottes
Schon vor meiner Geburt

habe ich sie gesehen
die Treue des Steines
die Treue Gottes

Schon vor meiner Geburt
sind mir geschenkt
die Treue Gottes
Festigkeit und Beständigkeit
das Stehvermögen in Gott
die Beharrlichkeit im Frieden Gottes

So will ich Stein sein
für die ganze Welt
Treu
beharrlich
zuverlässig
unverrückbar
im Frieden Gottes

Das heilige Öl
Ich sehe jeden Tag das heilige Öl
Schon vor meiner Geburt
habe ich es gesehen
das Öl

Ich sehe jeden Tag
wozu ich gesalbt bin
Schon vor meiner Geburt
habe ich sie gesehen
meine Sendung

Ich sehe jeden Tag den Gesalbten
Schon vor meiner Geburt
habe ich ihn gesehen
den Messias
den Christus

Schon vor meiner Geburt
ist mir geschenkt
Jesus zu folgen in seiner Sendung
Frieden zu bringen und Leben in Fülle

So soll das Öl fließen
über mich und die ganze Welt
Friede ist allweg in Gott

4. Das Rad und die Werke der Barmherzigkeit

Sieh her, schau das Rad.
Wie es sich dreht und dreht und dreht.
Alles dreht sich um die Liebe.

Ja, schau das Rad.
Gott ist Liebe, sonst nichts.
Liebe, die sich gibt.
Liebe, die allen geschenkt ist.
Liebe, die zum Frieden drängt.

Sieh her, schau das Rad.
Das Antlitz der menschgewordenen Liebe.
Alles dreht sich um die Liebe.
Geliebt sind alle Schwachen, Kranken, Hinfälligen.
Geliebt die Obdachlosen, Heimatlosen,
die Flüchtlinge, die Asylanten, Fremden.
Geliebt die Hungrigen, Durstigen,
die Armen und die Elenden.
Geliebt die Verhafteten, Gefangenen, Gefesselten.
Geliebt die Nackten, Entwürdigten, Gefolterten,
Getöteten, Geopferten.
Geliebt die Toten, die Begrabenen, Vergessenen.
Alles dreht sich um die Liebe.

Sieh her, schau das Rad.
Wie es sich dreht und dreht und dreht.
Um die Liebe und sonst nichts.

5. Das große Alleluja

Hör den Jubelschrei
Das große Alleluja
das den ganzen Erdkreis ins Leben mitreißt

Das Alleluja kommt zu dir
in der Gestalt eines Pilgers
Es bettelt um dein Gehör

Das Alleluja bettelt um dein Gehör
Und wenn du es hörst
hört es auch die ganze Welt

Hör es
das Alleluja
Und sing es aus vollem Herzen
Gott ist da
Er ist Leben
Leben der Welt

Alleluja
Gott ist da
Er ist Friede
Friede der Welt

Alleluja
Reiß die Mauern nieder
Leg die Waffen ab
Der Tod ist tot
Es lebe das Leben

6. Der Brunnen

Ach,
warum sehen sie es nicht?
Die Arbeiter, die Armen, die vielen Menschen,
die lebensmüde sind.
Warum sehen sie es nicht?

Gleich daneben, gleich dahinter
ist der Vorratsraum.
Das Brot, das nährt, das erhält.
Das Wasser, das allen Durst stillt,
das lebendig macht.

Gleich dahinter, gleich daneben
ist der Tabernakel.
Der heilige Tempel.
Das Haus des Lebens.

Gleich daneben, gleich dahinter
sprudelt es,
singt es,
rauscht es,
das volle Leben.

Gleich dahinter, gleich daneben
ist der Wein, der selig macht.
Das Öl, das alle Wunden heilt.
Der Honig, der alles versüßt.

Gleich daneben, gleich dahinter.
Gerade da, wo du wohnst,
sind die glänzenden Paläste,

die weiten Säle,
das Geheimnis, das sich dir schenkt.

In dir ist alles, was den Frieden bringt:
Gott selbst.

Bruder Klaus begegnen – heute, im Hier und Jetzt

Obere Ranftkapelle und Klause, Außenansicht

Schmerzlicher Ruf

Maria Sassin

So leise scheint Gottes Stimme
So anstrengend ist das Lauschen
So verzweifelt die Suche

Von allen Seiten
Bestürmt mich die Welt
Wie Störsender
Selbst die Stimmen der Liebsten
Kaum kann ich sie ertragen
Und doch liebe ich sie
Und mein Herz schmerzt so sehr
Als Gottes Ruf mich fortnimmt
Aus dem Gewohnten in die Einsamkeit
Mich in die Stille meiner Untiefen lenkt
Wo er mich will und braucht

Freudigen Schmerzes ge-horche ich
Und breche auf.

Mythen – oder: Konrad Adenauer in Sachseln

Werner Hafner

Die Schweizer Geschichte ist reich an Mythen. Zu glauben ist schon Mythos. Der Glaube prägt das Verhalten, postuliert Lenin. Der Mythos prägt auch die Staatsgründung der Schweiz: der Rütlischwur und Wilhelm Tell. Lernte ich in der Primarschule vom Heldentum Winkelrieds, hat die nachkommende Generation etwas ganz anderes gelernt: »Stosset nit so vo dahinde«. Nochmals später die vom Sockel gestürzte Winkelried-Saga. Nicht minder die auf die Schlacht von Marignano folgende Neutralität der Eidgenossen. Indes: Allen Mythen gemeinsam ist eine Entwicklung des Denkens anhand eines inneren Anstoßes.

Denken ist Handeln, weil es einen Weg beschreitet und auf diesem je und je Entscheidungen über einen Fortgang zu treffen hat. Mit den Mitteln des Denkens erfährt das Handeln den Weg des tieferen Entdeckens. Das erschließt erst die Zusammenhänge von dem, was geglaubt und wie es geglaubt wird. Das bringt Geschichten zu dem Tiefgang, der die Fakten widerspiegelt, die historisch so nicht fassbar sind. Die geglaubte Wahrheit im Ablauf des nicht fassbaren Begleitet-Seins mit der vordergründigen Wahrheit nüchterner Begebenheiten. Die erlauben keine Fußnoten. »Vertraut ihr nicht, bleibt ihr nicht«, eine biblische Aussage (Jes 7,9), die den Kern trifft. Scharf formuliert der Abfall einer Lenkung im Glauben.

Noch steht die Sonne hoch über dem Bergkranz Obwaldens. Bis dato rase ich stets an dem kleinen Bergkanton vorbei – vorbei an allen Menschen, die hier leben. Vorbei an den Schönheiten und Besonderheiten dieser Region. Dieses Vorbeirasen ist zu einer Gewohnheit geworden; seit gut vierzig Jahren möglichst schnell den Brünigpass erreichen, dann in das Haslital abtauchen.

Vor Sarnen – die Sonne blendet mich ungewöhnlich stark – wird die zulässige Höchstgeschwindigkeit zum Hindernis der Sicherheit. »Bremse ab.« In neu gewonnener Gemächlichkeit fährt mir ein Gedanke ein. Auf der Höhe Sachseln verlasse ich die Schnellstrasse. Halte jetzt Zwiesprache im halblauten Dialog. Schreibe mir vor, in Sachseln anzuhalten. Die Bahnhofstraße bietet Parkplätze. Weiß aber nicht, was anschauen. Schlendere zur Kirche. Die ist mir kein echter »Begriff«. Der Gang dorthin – ungewollt. Im nachgeschobenen Theologiestudium übergehe ich die Besonderheiten der schweizerischen Berufungsgeschichten. Eine davon ist Bruder Klaus, der Nationalheilige der Schweiz. Die Gestalt ist für mich ohne Bedeutung. Wieso sollte sie das auch sein – es gibt so viel anderes. Ich schreibe an einem Buch über die fünf Weisheitskapitel der Bibel. Das Thema absorbiert mich.

Eigentlich will ich mich nicht – ungestüm, wie so oft – in die Reihe der Wartenden eingliedern. Es sind Menschen aus Asien. Die kommen in größeren Delegationen angereist. Trotzdem harre ich aus. Was mich anhält anzustehen, ist für mich nicht fassbar. War es der Kirche wegen? Oder war es eher einer wach gewordenen Erinnerung der Kirche meines Vaters wegen? Nun, ich weiß es nicht. Stehe nun selbst in einer fremdländisch gewebten Menschenschlange. Fremd, der ich hier selbst fremd bin. Niemand kennt mich in dieser Region. Die Kette der Wartenden hat ein neues Glied erhalten. Das hebt sich ebenso ab wie die übrigen Glieder. Und ich habe angefangen, die sprichwörtliche Geduld der Asiaten anzunehmen.

Jemand erwähnt, sie seien aus Südkorea. Südkoreaner waren es auch, die jenem ETH-Professor der Eidgenössischen Technischen Hochschule Zürich (ETH) den Anstoß gaben, mich zu begleiten. Seltsam eben, wie sich die Dinge manchmal aufgleisen. Das Aufgleisen ist auch dem Mythos ganz zu eigen. Hier sind es aber keine Professoren, Techniker und Ingenieure. Hier sind es fernöstliche Pilger. Dann sehe ich, warum sie sich schon vor der Kirchenpforte formieren: Ein Priester hält eine Reliquie des Heiligen hoch, und die Koreaner küssen sie. Eigentlich ist mir das Prozedere ein Gräuel. Trotzdem folge ich dem Brauchtum. Und von da an entwickelt sich etwas abgefahren anderes. Etwas, das zu einem neuen Wegabschnitt eingeleitet hat. Das Aufgleisen, das unmerkbar eine Veränderung verursacht.

Auf dem Weg zurück zu meinem Auto grüßen mich unbekannte Menschen. Höflich grüße ich zurück. Bin erstaunt, wie viele es sind. »Macht man das heute noch, einfach so zu grüßen, ganz ohne Bezug?« »Guten Tag«, sagt jemand. »Guten Tag«, sagt jemand anderes. Dann wieder »Grüezi« und wieder einer und noch einer. Mir kommt es vor, sie grüßen, als hätte ich ein Stirnzeichen. Sie grüßen, bevor ich ein Wort sage. In den Großstädten der Welt grüßte mich niemand. Man ist zu sehr mit sich selbst beschäftigt. Dann wieder denke ich, es sind einfach zu viele. Also schafft man das Grüßen ab. Ich habe mich darin eifrig eingereiht. Trotzdem: Warum die Lust am Grüßen? Sachseln beginnt mich zu interessieren.

Zurück im Auto, schaue ich in den Rückspiegel. Da fällt mir etwas auf. Nicht ein Auto oder so, das hinter mir stünde, nein, im Spiegel begegnet mir ein fröhlich dreinschauendes Gesicht. Das kenn' ich doch! »Guten Tag«, sage ich. »Guten Tag«, erwidert mein Spiegelbild.

Wie es im Leben eben gehen kann. Heute lebe ich selbst in dieser Gemeinde am Sarner Ssee. Just jene Gemeinde, von der ich einmal im Theologieunterricht in Basel ausrief: »Einen Ausflug nach Sachseln, ja, wer will denn dorthin?« Seitdem ist mir dieser Anflug an Arroganz vergangen. »Wie kommst denn du nach Sachseln?«, sind heute die Fragen. Für sie erscheint Basel als gute Option. Das bettet mich mit Wohlwollen ein. Gut ist jedoch auch die Option Sachseln. Diese Landschaft. Ein Kranz von Bergen lässt die Kantonshymne erschallen.

Und die haben auch den deutschen Bundeskanzler Adenauer fasziniert. Wirklich? Ja klar. Schließlich ist es auch nur ein Glas Olivenöl gewesen, das dem Kanzler Konrad Adenauer den Erfolg brachte. Nun aber: Wieso ein Glas Olivenöl? Wo soll da der Zusammenhang sein? Tja, das ist halt so der Dunst der Mythen. Aber wie entstehen sie eigentlich, und wie verdichten sie sich? Geht es auch ein wenig anders, logischer und normaler? Nun, man möge mal die Texte und Publikationen über Konrad Adenauer und seinen nächtlichen Besuch in der Kirche zu Sachseln lesen.

Mythen haben immer einen sachlichen Hintergrund. Der Rest ist Glaube, der die Dinge differenziert, quasi aufspaltet. Aber leben wir nicht in einer Welt handfester Dinge? Brauchen wir dazu noch ein Make-up? Die Materie besteht auch aus materiellen und virtuellen Valoren. Da führt kein Weg daran vorbei, auch wenn wir uns dessen im täglichen Gerangel der Geschehnisse kaum bewusst sind. Die Physik des Schöpfungsverständnisses verweist immer mehr darauf, dass das physikalische Nichts mit dem philosophischen Nichts keinen gemeinsamen Nenner hat. Virtuelle Teilchen, die, irgendwie angestoßen, auf wundersame Weise zur Materie mutieren. Und Teilchen, die einfach im nichts verschwinden. Klar stammt der Mensch vom Affen ab. Das hat uns der geniale Darwin schon gelehrt. Aber wie ist es mit dem siebten Sinn, jenem Sinn, dem, nachweislich erstmals im Jahr 2010 von der Freien Universität Berlin publiziert, ein gesondertes Gen zugrunde gelegt werden konnte? Solch eine Rezeption ist wie das Radio, das den Empfang hörbar macht. Aber wer sendet da? Und das Abschalten ist Sache des Radio-Empfängers, mit dem die Sendung ausklingt.

Ein solches Gen hatte ich schon zehn Jahre zuvor in meinem Buch »Die zwei Bäume« vorausgesagt. Etwas, das gänzlich außerhalb der Evolutionstheorie im Wettbewerb der Arten liegt. Etwas, das die Psyche von der Seele unterscheidet. Der Raum unermesslicher Freiheit, der es erlaubt, jenen Rezeptor anzudrehen oder abzudrehen. Eine in jedem Fall durchaus persönliche Entscheidung, den Glauben wahrzunehmen oder nicht.

»Wie sehr sich unser Verständnis, unsere Furcht und Ehrfurcht vor dem Erhabenen geändert haben mag, geblieben ist äußerlich wahrnehm- und unverrückbar die Schönheit jener Landschaft, in der das alles sich ereignet haben soll«, schreibt Alain Claude Sulzer in der *Zeit Online*. Die Rede ist vom Gang eines deutschen Bundeskanzlers nach Moskau, der sich im Beistand von Bruder Klaus wusste. Wie Alain Claude Sulzer weiter schreibt, »dürfen inzwischen respektlose Scherze gemacht werden« über den Wunderglauben des historischen Kanzlers und über Bruder Klaus, der im Alter von fünfzig Jahren Frau und zehn Kinder – das Jüngste gerade einmal drei Monate alt – verlassen hatte. Wenigstens steht in der Bruder-Klausen-Biografie noch nichts von einem Glas Olivenöl.

Technisch gesehen vermag ein Gläschen Olivenöl ein Gelage besser durchzustehen. Das Gespräch mit den Russen um die Heimschaffung der noch lebenden, geschundenen Kriegsgefangenen. Das Saufen mit dem Ministerpräsidenten Bulganin, dem Außenminister Molotow und dem kommenden Parteichef Chruschtschow noch der kleinste Scherz und wohl wahr. Aber worum geht es hier eigentlich? Das Wichtigste in dieser Sache bleibt ein Geheimnis. Zwei Mal kommt Konrad Adenauer nach Sachseln. Nicht ohne Grund. Ein Mal gut dokumentiert. Vom zweiten Mal hat selbst die rührige Gemeindekanzlei Sachseln keine präzisen Unterlagen vorzuweisen. Das Geheimnis darüber nimmt Adenauer mit in sein Grab. Nur Rätsel löst man. Das Geheimnis bleibt unlösbar, erlaubt das Scherzhafte wie das Ernsthafte im Glauben an Gott und dessen Boten.

1950 kommt Bundeskanzler Adenauer nach Sachseln. Er verweilt die ganze Nacht betend vor dem Sarkophag von Bruder Klaus. Sein Ziel ist klar. Alle deutschen Gefangenen nach Hause zu bekommen. Am nächsten Morgen machte er sich auf. Im »Kurhaus Nünalphorn« in Flüeli nahe der Ranft trifft er auf Stalin. Der wollte auch mal Priester werden. Stalin wird berührt. Frei von Reparationszahlungen bekommt Adenauer die Kriegsgefangenen frei. Das Kurhaus wird nach diesem Event unbenannt, wird zum Hotel »Pax Montana«, Bergfrieden.

Wie viele Menschen haben mir diese Geschichte so oder ähnlich erzählt. Selbst bei einem Abstecher in die Gegend von Freiburg im Breisgau hörte ich davon. Ich fuhr mit Schwestern des Franziskanerordens von Erlenbad dorthin, besuchte auf einer Anhöhe ein Spital. Prächtig angelegt ging es die Konrad-Adenauer-Allee hoch. Gemeinsam aßen wir mit den Spitalschwestern im Bruder-Klaus-Trakt. Auch da wurde mir eine solche, vom Pathos berührte Geschichte erzählt. Menschen versuchen wegen einer besonderen Verehrung von Bruder Klaus, dieser und anderen Geschichten eine Gestalt zu geben. Es ist die Entstehung eines Mythos. Der ist durchaus ernst zu nehmen.

Wie kommen Mythen zustande, die sich so tief in die Herzen eingraben? Ich denke darüber nach. Dann wandere ich in den Ranft hinunter. Viele Menschen sind dort. Ein Pfarrer stimmt für eine Pilgergruppe ein Lied an. Sie singen schön. Ich singe mit. Ansonsten sind es mir zu viele Leute, um besinnlich zu werden. Noch einmal gehe ich dorthin. Jetzt bin ich ganz alleine, sitze in der hintersten Bank links vom Eingang. Mehr lässt eine sachliche Beschreibung nicht zu. Ich meditiere. Bin ganz allein in der Ranftkapelle. Auf einmal werden meine Nieren warm und wärmer. Ich drehe mich um, denke, da muss doch wohl eine Sitzheizung angeschaltet worden sein, finde nichts. Und hinter mir ist nur die Wand. Wohlig räkle ich mich auf der Holzbank. Bete versonnen. Es ist einfach zu schön, das Erlebnis zu stören. Wie dankt man jenem Unbekannten? »Nefesch«, die Seele, hat sie nicht ihren Sitz in den Nieren? Das ist es doch, was das »Hebräische Testament« dazu sagt.

Das Unbekannte berührt meine Seele. Zweifellos finden andere Menschen andere Ursachen dafür. Ich behalte es daher für mich. Das Ganze hat ohnehin kaum Bedeutung, würde ich es ansprechen wollen. Vielleicht würde ich dabei noch zu einem komischen Heini verkommen. Man weiß ja heute nie, wie sich etwas im Nachhinein entwickelt. Die Bibel spricht da vom ungläubigen Thomas. Aber es liegt mir nicht, solch unfassbare Besonderheiten anzusprechen. Erst als jemand sagt, ich hätte sein Leben gerettet, kommt es in der Folge zu einem inneren Austausch. Von ihm hörte ich dann erstmals: »Viele haben solche Erfahrungen gemacht.« Es sind wohl jene, die begonnen haben, das nicht Erklärbare in eine Geschichte einzustreuen, wie sie heute erzählt wird. Im Glauben ringt der Mensch, Gott Gestalt zu geben. Das Unsichtbare wahr zu machen. Und darin entsteht die Gefahr, dem Geglaubten die historischen Fakten entblößend entgegenzustellen.

Stalin kam nicht in den Ranft, auch nicht nach Flüeli oder Sachseln. Es ist Lenin, der in die Schweiz kam. Hunderttausende deutscher Kriegsgefangenen sterben nach Kriegsende in den stalinistischen Konzentrationslagern. Erst nach Stalins Tod bietet sich eine Gelegenheit der Begegnung.

Konrad Adenauer wiederholt einen Sommerurlaub in Mürren. Den Ausflug zu dem verehrten Mystiker und Friedensstifter plant er verdeckt. Er weiß wohl, warum er vor dem 8. September 1955 nach Sachseln will. Seitdem wird über dessen Religiosität gerätselt. Die ist ohnehin falsch: »Suchet mich, suchet nicht das Gotteshaus«, spricht die Bibel weiter und bricht den kommenden Religionswirren das Kreuz der göttlichen Rechtfertigung. Wollten doch die Menschen besser zuhören, was diese Texte wirklich meinen. Adenauer gibt nichts preis. Niemand sollte sich darüber auslassen können, und als Letzte die kommunistische Führung Moskaus. Die Übernachtung in der Kirche Sachseln, sie war für ihn kein Schema eines praktizierenden Katholiken, sondern Begegnung der Art im Suchen nach Gott.

Hat das Glas Olivenöl vielleicht seinen Dienst erwiesen, ist die Kraft, die Adenauer stärkt, eine ganz andere? Erst dadurch konnte dieser am 1. September 1955 verfügen, »dass unverzüglich unsere Flugzeuge für den Abflug bereitgestellt werden«. Eine Fortsetzung der Gespräche machte keinen Sinn mehr. Moskau so brüsk zu verlassen, das wirkte. Auf ein simples Ehrenwort hin konnte eine diplomatische Beziehung aufgenommen werden. Die wird bestritten. Adenauer blieb standhaft. Das Ehrenwort verwebt Glauben und Handlung. Vertrauen ist darin die Basis, auf dem das Besondere zur Geltung kommt. Am 7. Oktober desselben Jahres kamen die ersten Kriegsgefangenen heim. Und nicht nur sie. Auch die lange von den Russen geheim gehaltenen Zivilpersonen wurden erstmals wieder bei ihrem Namen gerufen und durften nach Hause. »Wie ist dein Name?« Das war schon die erste Frage am Sinai. Nicht Gott, nicht Zebaoth, nicht El Berit oder El Shaddai, kein Eli, auch nicht Allah. »Ich bin, der Ich da sein werde«, kommt als Antwort zurück.

Gibt die Historie nach außen einsehbare Fakten wieder, sind es ganz andere Fakten, die mit dem seelischen Momentum hineinspielen. Sie kann man nicht reell beschreiben, nur erfahren. Dazu die Rezeption eines jeden. Diese anzuschalten hieße, das Wissen um einen Beistand anzurufen, der weder käuflich noch dingbar ist. Das trennt das Unfassbare von dem Fassbaren. Und das ist gut so, solange die Geschichtsschreibung den Raum dazu freigibt. Ein Glaube darf nicht bewiesen sein, wie auch Mythen Sache des Glaubens sind. Ansonsten kann der Glaube nicht mehr frei von Zwängen gelebt werden. Das hieße ja gerade, allein mit der historischen Tatsache alles genannt zu haben.

Die Aufgleisung, die dahintersteht, sie ist geradezu wie die Teilchenphysik. Solchermaßen abgefahren, dass sie schon wieder wahr ist. Das Phänomen des Glaubens. Dann aber ist der Mythos der Ausdruck dessen, was die Historie auslöst, unfassbar, berührend und, um deren Entstehung, ein Teil einer Wirklichkeit.

Unterwegs mit Bruder Klaus und Dorothea – Fragmente von Ver-Wandlungen

Maria Ackermann

Wegzeichen

Schon als Kind war für mich Bruder Klaus präsent, nämlich beim Brunnen im Dorfkern von Mümliswil im Kanton Solothurn, wo ich aufgewachsen bin. Der achteckige Brunnen ist aus Jurakalkstein. Auf dessen Säule in der Mitte wacht Bruder Klaus. Aufrecht, die Gebetsschnur und den Wanderstab in der Hand, dorfauswärts blickend. Die Inschrift »Friede ist allwegen in Gott« ziert die Vorderseite des Brunnens.

Wir nannten ihn den Chesi-Brunnen, weil er vor der Käserei steht. Als ehemaligem Bauer mag dem Bruder Klaus dieser Platz gefallen: Dort, wo am Morgen und am Abend die Bauern der umliegenden Höfe die Milch ablieferten, ihre Freuden und Leiden des Lebens austauschten. Und mancher Bauer mag im Stillen den Bruder Klaus um Rat gefragt haben, bevor er wieder heimwärts fuhr.

Seit 1947, dem Jahr seiner Heiligsprechung, steht dieser Brunnen. Die Skizze in der Ortschronik zeigt eine andere Mitte. Hat sich der Künstler von der Aktualität der Zeit inspirieren lassen? Ist des Bruders Klaus nach dem Zweiten Weltkrieg als Friedensstifter gedacht worden, und/oder des Stanser Verkommnisses von 1481, in dem Bruder Klaus durch Vermittlung einen Bürgerkrieg abgewandt hatte und der Kanton Solothurn, zusammen mit dem Kanton Freiburg, in den Bund der Eidgenossenschaft aufgenommen worden war?

Als Kind war ich oft in der Kirche. Einerseits, weil ich musste, aber auch, weil ich mich dort wohl fühlte. Ich erinnere mich gerne an die Rosenkranzgebete, die für mich wie eine entspannende Melodie wirkten. Die Glasfenster der Kirche stellen die Seligpreisungen dar. Bei der Losung »Selig sind die Friedfertigen« ist es Bruder Klaus, der mit wachen Augen ins Innere der Kirche schaut. Ob mich dieses Bild aufgefordert hat, wach und friedfertig zu sein, weiß ich nicht. Erst als ich mich mit seinem Sein und Wirken auseinanderzusetzen begonnen hatte, nahm ich dieses Kirchenfenster bewusst wahr.

Nicht nur im Kanton Solothurn, sondern auch in der Kirche von Herbetswil, wo die Familie meines Bruders wohnt, oder auch in der Bruder-Klausen-Kapelle auf dem Weißenstein, einfach überall, wo ich wohnte, begegnete ich Erinnerungen an Bruder Klaus. In Braunwald ist eine Kapelle Bruder Klaus gewidmet, und in Adliswil bei Zürich, wo ich jetzt wohne, ist in der Kirche eine Bruder-Klausen-Skulptur am Platz des Seitenaltars.

Im Rahmen der »Art-Palette 2015«, einer Kunstausstellung der Galerie Rössli in Balsthal, die im Sommer 2015 in die Dörfer meiner Heimatgegend ging, stand in Mümliswil die Holzskulptur »Ninive« von Christine Dubois auf dem Lindenplatz, fünfzig Meter hinter dem Bruder-Klausen-Brunnen. Die Künstlerin reagierte mit der Skulptur, einem markanten Holzgesicht, umgeben von teils zerstörten Köpfen, auf die Bombardierungen der Kulturgüter in Palmyra/Syrien. Die Sehnsucht nach Frieden verband »Ninive« mit dem Dorfbrunnen.

Wenn ich in Flüeli bin, wandere ich gern dem Visionenweg entlang, der 1991 anlässlich der 700-Jahr-Feier der Schweizerischen Eidgenossenschaft eingeweiht wurde. Fünf Skulpturen zeigen Visionen von Bruder Klaus, eine sechste ist seiner Frau Dorothea gewidmet.

Wegprozesse

Meine Eltern heirateten 1953 in Sachseln und besuchten mit ihren Trauzeugen den Ranft, was zugleich ihre Hochzeitsreise war. Sie erzählten immer wieder von diesem Erlebnis, wie sie gemeinsam in den Ranft hinunterstiegen und die Klause besuchten. Eine besondere Fröhlichkeit, aber auch Ehrfurcht ging von ihren Schilderungen aus. Ich spürte, dass dies ein besonderer Ort sein musste.

Das Bruder-Klausen-Gebet hat mir jedoch Angst gemacht. Ich lernte es bei meiner Tante kennen, als ich bei ihr in einem anderen Viertel des Dorfes in den Ferien war. Jeden Abend saß ich zusammen mit meiner Cousine und meinen drei Cousins auf dem Küchentisch in einer Reihe, und die Erwachsenen beteten: »Mein Herr und mein Gott, nimm alles von mir ...« Ich hatte Angst, dass mir meine Eltern weggenommen werden und ich bei meinen Verwandten bleiben muss. Glücklich war ich, als ich wieder nach Hause durfte und meine Eltern noch da waren. Die Bedeutung des Gebetes lernte ich erst später kennen und schätzen.

Der Bruder-Klausen-Brunnen im Dorf war nicht nur der Treffpunkt der Bauern, sondern dort spielte sich auch das ganze Dorfleben ab. An Fronleichnam war hier der prächtige Blumenaltar aufgebaut, und vor dem gegenüberliegenden Landgasthof Ochsen fanden die Schlussveranstaltungen der Umzüge der Vereine statt. Am Fastnachtsdienstag wurde auf dem Ochsenplatz der »Böög« verbrannt (ein mit Holzwolle und Knallkörpern gefüllter künstlicher Schneemann, der den Winter symbolisiert), umkreist von der Chessletengruppe, die den Winter vertrieb. Die Feier zum Nationalfeiertag der Schweiz am 1. August fand ebenfalls immer auf diesem Platz statt, außer im Jahr 1969. Da wurde nämlich aus Protest gegen den Ausbau des Schießplatzes im Guldental die Feier abgesagt. Schon im Januar 1969 organisierte die Initiativgruppe »Aktion der Jugend« einen Schweigemarsch durch das Dorf mit einer Abschlusskundgebung beim Bruder-Klausen-Brunnen. Das gesamte Dorf wehrte sich damals erfolgreich gegen dessen Ausbau. Dieses Ereignis sensibilisierte mein politisches Bewusstsein.

Ich trat als 15-Jährige der Christlichen Arbeiterjugend (CAJ) bei, die im Dorf aktiv war. In den regelmäßigen Gruppenstunden diskutierten wir über unser Leben und fanden in der Bibel Anregungen für den Alltag. Wir übten die Methode des Gründers der CAJ, des belgischen Priesters und späteren Kardinals Joseph Cardijn ein, die folgendermaßen hieß: Sehen – Urteilen – Handeln. Cardijn, der im Ersten und Zweiten Weltkrieg in

Kriegsgefangenschaft geriet, war überzeugt, dass diese gewaltfreie Methode eine Möglichkeit bot, die Solidarisierung der Arbeiterjugend zu fördern. Mich hat sie angesprochen, wurde mir sogar zum Lebensleitfaden.

Die Internationalität der CAJ faszinierte mich ebenfalls. Als Mümliswilerin, eingebettet in den Jurahügeln, erlebte ich, dass das Leben in einem internationalen Netz verflochten ist. Ich hörte von einer Solidaritätsaktion für verhaftete Frauen und Männern der CAJ in Brasilien und las von der Situation und den Aktionen junger Arbeiterinnen und Arbeiter in Europa und weltweit. Daraufhin engagierte ich mich Ende der 70er-Jahre für die Freilassung von verhafteten Mitgliedern der CAJ in Südafrika. Während meiner ganzen Ausbildungszeit (Aufenthalt in der Westschweiz und Berufsausbildung zur Krankenschwester) war ich mit der Bewegung in Kontakt. Die Gruppendiskussionen, Bildungswochenenden und Ferienwochen gaben mir Impulse, mich für die Würde des Menschen und der Schöpfung einzusetzen. Aus dem Engagement wuchsen tragende Freundschaften, die bis heute anhalten.

Von 1977 bis 1983 unterbrach ich meine berufliche Tätigkeit und war Hauptverantwortliche der CAJ Deutschschweiz. Ich nahm an schweizerischen, europäischen und internationalen Treffen teil, vernetzte mich mit anderen in der Jugendarbeit und in der Friedensarbeit tätigen Menschen und Organisationen. So kam ich in den 1980er-Jahren zum ersten Mal in den Ranft. Im damaligen Friedensdorf, im Haus St. Dorothea, fand eine Jugendseelsorgetagung statt. Bei verschiedenen Kursen zu Friedens-, Frauen- und Lebensfragen wurde das Haus für mich zu einer Kraftquelle. In besonders guter Erinnerung sind mir das Ranfttreffen vor Weihnachten sowie ein Frauenwochenende, bei dem wir dem Leben von Dorothea, der Frau von Bruder Klaus, nachgingen. Unterstützend war das Hörspiel von Klara Obermüller: »Ganz nah und weit weg«. Darin wird dem Ringen nachgespürt, in dem Dorothea und Niklaus sich miteinander und mit sich selbst befanden und an dessen Ende Dorothea schließlich aus Liebe zu ihrem Mann Ja sagen konnte: Ja zu seinem und zu ihrem Weg. Damit war es Niklaus möglich, in Frieden zu gehen und diesen Frieden weiterzugeben. Eigentlich verdient auch Dorothea eine Heiligsprechung.

Nach all diesen eigenen Erfahrungen konnte ich nachempfinden, wieso meine Eltern mit Ehrfurcht von ihrer Hochzeitsreise berichteten. Flüeli, der Ranft wurde auch für mich zu einem besonderen Ort. Traurig war ich, als 2001 die neue Organisation VIA CORDIS das Haus St. Dorothea übernahm – anfangs hatte ich keinen Zugang zu ihr.

1986 zog ich in den Kanton Glarus, engagierte mich im Beruf und ehrenamtlich in Umwelt- und Friedensfragen. Auf der Suche nach spirituellen Angeboten wurde für mich das offene Kloster Fontaine André in Neuenburg zu einem Kraftort. Ab 2004 nahm ich an diversen Kursen teil. Mein Gottesbild von einem strafenden und fordernden Gott wandelte sich zu einem der Schöpfungskraft, die mich begleitet auf dem Weg zum Werden, die ich heute bin.

Besinnliche Weihnachtstage mit Bruder Klaus führten mich 2010 ins VIA-CORDIS-Haus St. Dorothea. Nach und nach tastete ich mich an das Herzensgebet heran. Ich spür(t)e die Wohltat und die Kraft, die in dieser Meditationsform liegt. Wieder fand ich Nahrung in der Stille, in den Gesängen, beim Tanzen, bei den Filmwochenenden, Kontemplationstagen, Konzerten, Begegnungen mit besonderen Menschen und beim Arbeiten im Labyrinth. Ich erfuhr und erfahre innere Wandlung, bekomme hoffnungsvollen Zuspruch. Die Verbindung von Herzensgebet und Impulsen aus Niklaus und Dorotheas Sein und Wirken geben dem Ort eine besonders tiefe Kraft. Ich bin dankbar, dass es dieses Haus gibt und dass ich die VIA-CORDIS-Gemeinschaft kennenlernen durfte. In der hektischen, lauten Welt braucht es Orte, an denen die Stille gelehrt, gelernt und geübt werden kann. Daraus kann ich Energie für meinen Alltag schöpfen. Ich fühle mich mit Menschen verbunden, die ebenfalls auf der Suche nach Antworten auf Fragen unserer Zeit sind und sich am Gestalten einer menschlichen und friedlichen Welt beteiligen.

Und wenn ich im Adliswiler Kirchenchor bei den Orchestermessen vor der Bruder-Klausen-Skulptur das *Dona Nobis Pacem* mitsinge, hoffe ich von ganzem Herzen, dass sich der Gesang mit den konstruktiven Kräften der Welt verbindet.

Tagebucheintragungen

Eine Heilungsgeschichte, 15. Februar 2013

Ich bin mit der Fastengruppe in der Ranftkapelle. Wir bilden mit unseren Stimmen einen Klangteppich, und Hans jodelt darüber Obertöne. Eine wunderbare Engelsmusik entsteht. Ich stelle mir vor, dass Bruder Klaus am Fenster mithorcht. Da sehe ich meine Eltern, die an ihrem Hochzeitstag ebenfalls in der Klause waren. Sicherlich hätte ihnen der Gesang gefallen. Eine tiefe Traurigkeit überfällt mich. Warum? Dann sehe ich meine Mutter, die damals mit Martheli schwanger war. Im Alter von neun Monaten starb sie an einer Hirnhautentzündung. Tränen kullern über meine Wangen. Ich höre einen Kollegen in Fontaine André, wo ich drei Monate als Stagière arbeitete und mit Putzen nicht aufhören wollte. Er sagte: »Maria, sei doch mehr Maria als Martha.« Genau das ist es doch: Den Platz von zwei Kindern auszufüllen überforderte mich. Ich spüre, ich will und darf Martheli loslassen. Ein bitterliches Weinen schüttelt meinen Körper. Ich gehe zur Melchaa, lasse die Traurigkeit in den Fluss fließen, gehe zurück zum Lichtschrank und zünde eine Kerze an: »Martheli, diese Kerze ist für dich. Du bist erwachsen geworden. Von jetzt an nenne ich dich Martha, und ich bin Maria.« Erleichtert und gelöst steige ich aus dem Ranft empor.

Begegnung an der Krippe, 14. Jaunar 2015

Ich verbringe ein paar Freitage im Kloster Ilanz. Noch sind die beiden Krippen in der Klosterkirche und im Meditationsraum aufgestellt. Schwester Madlen Bütler, die in Mümliswil meine erste CAJ-Leiterin war, erzählte ich, dass ich mich mit dem Leben von Bruder Klaus auseinandersetzen möchte. Sie brachte mir ihre Bruder-Klausen-Skulptur, die sie von ihrer Familie zur Profess erhalten hatte, und sprach: »Nimm die Skulptur zu dir, vielleicht inspiriert sie dich.« So stellte ich sie in die Krippe im Meditationsraum.

Bruder Klaus,
du stehst in der Krippe, zu der Familien aus aller Welt unterwegs sind. Du stehst neben Josef, der den Arm um Marias Schultern legt, im anderen Arm hält er einen Korb mit Brot. Maria hat das Kind auf dem Schoß, das Kind, das die Herzen der Menschen verwandelte und immer noch verwandelt. Zu Füßen Marias kniet ein Kind mit einem Wasserkrug. »Ich bin das Brot des Lebens und die Wasserquelle, die zum ewigen Leben führt«, will die Künstlerin der Krippe, Schwester Anita Derungs, damit ausdrücken. Bruder Klaus, du stehst da. Präsent. Du gibst Raum zum Wachstum frei und betest:
Du göttliche Schöpfungskraft,
nimm alles von mir, was mich entfernt von dir.
Gib alles mir, was mich fördert zu dir.
Lass mich das einig Wesen finden.
Du in mir und ich in dir.

FlüeLicht

Andreas Bernsen

Ein Ort in Gottes Hand
Zwischen den Bergen das kraftvolle Ranft
Stille das strahlende Licht
Schöpfungskraft allerorten

Der Heilige gehüllt in des Schöpfers Gewand
Das Kissen aus Stein in Äonen geschaffen
Ewiges Himmelslicht
Nährend und sorgend

Durchwoben von unzähligen Fäden der Zeit
Sind wir verbunden
Hören wir
Vergeben wir in Liebe

Menschen aus aller Welt in Berührung
Im Leben zurückgeworfen auf sich
Bedingungslose Liebe
Hoffnung im tiefen Tal
Schöpfung erinnert sich an sich selbst
Innewohnend das Streben zum Heilen
Zurück bleiben Verwirrung und Vergessen
Im Jetzt Frieden

Jeder Einzelne trägt seine Geschichte

In der Bereitschaft aufzugeben liegt Erlösung

Der Rat des Wachen
Weist den Weg

Im ewigen Kreislauf bewegen wir uns
Vergessen
Folgen einer Sehnsucht
Finden den Weg des Herzens

Die Gemeinschaft trägt das Licht in die Welt
Und wird getragen
Von den Suchenden
Den Menschen der Welt

Der Pilatus ruht über allem
Und wacht
Mitgefühl mit dem Vergänglichen
Zeitlos

Pilatus, von Flüeli-Ranft aus gesehen

Im gegenseitigen Halten erinnern wir
Wer wir sind
Wie wir gedacht sind
Getrennt wie auch ungetrennt

Im Haus sind wir still
Kein Urteilen
Kein Festhalten
Augenblick zu Augenblick

Der Ruf nach Freiheit beginnt in uns
Wenn wir es zulassen
Geht er hinaus in die Welt
Gemeinsam gehen wir den Weg

Jenseits von Form liegt die Antwort
Hören wir vom Herzen
Offenbart sie sich
Zusammen erfahren wir das Wunderbare

Das Geschenk des Lebens
Unser Sein
Vollkommen
Ausdruck des Schöpferischen

Viele Menschen, viele Wege
Niemals falsch
Nicht anders nicht speziell
Ganz – unsere wahre Natur

Die einfach Klause
Das einfache Haus
Unser einfaches Sein
Geschenk und Segen

Ein Brief an Bruder Klaus

Ulrich Schaffer

Lieber Bruder Klaus,

ich komme aus zeitlich weiter Ferne zu dir. Es wäre spannend, zu sehen und zu spüren, ob wir uns verstehen würden. Ich habe daran herumgerätselt, was dich bewegt hat, die Welt zu verlassen. Den Impuls kenne ich auch, aber ich habe ihm bisher widerstanden. Ich habe mich über die Jahre immer wieder mal in die Wildnis zurückzogen, aber nicht so konsequent wie du. Nicht, weil ich nicht so leben könnte wie du – ich glaube, es würde mir auch gelingen –, aber weil es für mich ein hohes Ziel war, die beiden Welten zu verbinden – die eremitische und die Welt der Menschen und Dinge –, habe ich es nicht getan. Ich habe immer unter Menschen gelebt. Ich konnte es nur, wenn ich mich ab und zu zurückzog und nach innen ging. Die Zurückgezogenheit war mir wichtig, vielleicht so wichtig wie dir, aber die Welt war es mir auch. So hat mein Leben im Bereich der Spannung stattgefunden. Ob du das auch gekannt hast – die Spannung zwischen deiner Einsiedelei und deiner Familie?

Ich wohne in einem Land, das 240 Mal so groß ist wie die Schweiz, auf einem Kontinent, der erst fünf Jahre nach deinem Tod entdeckt wurde. Er liegt auf der anderen Seite der Welt. Ich bin als Kind von Deutschland dorthin ausgewandert und habe dich mitgebracht, das Wissen über dich. Es ist jetzt mehr als 500 Jahre nach deinem Tod, und vielleicht staunst du, dass wir immer noch über dich reden und nachdenken. Das ist wohl so, weil uns immer noch die Frage nach der Balance zwischen Meditation und Aktion, zwischen Arbeiten und Beten, zwischen Sein und Tun beschäftigt. Es fasziniert auch immer wieder Menschen, wie du gelebt hast – dein tägliches Leben, dein Leben mit der Familie, die ja nicht weit weg von dir war. Es gibt inzwischen so manche Bücher über dich, und viele verehren dich. Hast du das gewollt oder befremdet es dich? Und jetzt hat mein Freund Johannes sich dazu entschieden, ein weiteres Buch über dich herauszugeben. Er hat mich gebeten, etwas dazu zu schreiben. So begegnen wir uns jetzt. Ich komme als ein Mensch, der so unterwegs ist, wie du es warst. Mit vielen Fragen und Überlegungen.

Ich lebe in einer Welt, die du dir kaum vorstellen kannst. Die Schweiz hat inzwischen sechs Millionen Einwohner, Deutschland, das es als zusammenhängendes Land zu deiner Zeit noch nicht gab, 80 Millionen. Wir fahren mit motorisierten Kutschen, die zehn Mal so schnell sind, wie ein Pferd laufen kann, und fliegen in großen Maschinen durch die Luft. Wir sind sogar zum Mond geflogen und auf ihm gelandet. Wir haben manche Krankheiten beseitigt und sind uns ziemlich sicher, dass sie nie wieder auftauchen werden. Wir können einem Menschen sein Herz aus dem Leib nehmen und dafür ein künstliches Herz einsetzen. Es schlägt dann wie das eigene Herz, und der Mensch kann dadurch länger leben. Hört sich das für dich an, als würden wir Gott spielen? In unserer Welt kann man, wenn man will, irgendwo und irgendwann mit jemandem im Gespräch verbunden sein, auch wenn der Mensch auf der anderen Seite der Welt wohnt. Es ist ein technischer Fortschritt, den du dir wahrscheinlich nicht vorstellen kannst. Wenn man will, ist man überall erreichbar. Vielleicht ist das auch der Grund, warum Menschen sich immer wieder bemühen, irgendwo einen Ort der Stille zu finden. Aber vielen gelingt es nicht mehr, das Gerät, mit dem sie für alle immer erreichbar sind, abzustellen. Die ganze Welt kann bei ihnen anklopfen und tut es auch. Wenn du in unserer Zeit leben würdest, würden sich bei dir so manche vorstellen und bitten, bei dir wohnen zu können, wenigstens eine kurze Zeit. Man würde sogar dafür bezahlen.

Vielleicht wunderst du dich, dass wir uns trotz unserer Errungenschaften, die in der Tat großartig sind, noch für dich interessieren. Es ist vielleicht gerade deshalb, weil wir solche Fortschritte gemacht haben und die Welt »im Griff« haben, dass wir merken: Die Welt, die wir verstehen, ist nicht alles. Manchmal ahnen wir, dass ihr damals vielleicht in gewissen Bereichen mehr vom Leben verstanden habt, als wir es jetzt tun. War eure

Welt spiritueller, oder wollen manche von uns das nur so sehen? Es gibt heute viele, die nicht mehr an Gott glauben. Sie glauben an den Fortschritt, an die Naturwissenschaften, weil diese einen ungeheuren Siegeszug durch das Abendland hinter sich haben. Ich könnte dir viel erzählen von dem, was wir inzwischen können und verstehen. Aber manche von uns stellen sich die Frage, ob der Fortschritt und Erfolg, mit dem wir die Welt verstehen, uns blind sein lässt für die spirituellen Dinge, für die tieferen Zusammenhänge – für die Liebe, den Glauben, das Vertrauen, die Herzenswärme. Über diese Fragen finden wir dann wieder zu dir und deiner Einsiedelei, und ich finde das gut so.

Ich vergleiche dich nicht mit mir und mich nicht mit dir. Unsere Zeiten sind so unterschiedlich, dass ein solcher Vergleich »hinken« würde. Aber wir haben etwas gemeinsam: die Wertschätzung der inneren Welt, auch der Welt Gottes. Wir haben unterschiedliche Aufträge gehabt und gelebt. Du bist nicht so alt geworden, wie ich es jetzt bin. In eurer Zeit starb man jünger als heute, wo die normale Lebenszeit für einen Mann etwa 80 Jahre beträgt.

Ich war vier Jahre alt, als man dich heiliggesprochen hat. Das war im Jahr 1947. Man hat lange damit gewartet. Und so hatte man mit dir wieder einen Heiligen, an den man sich wenden kann. Ich habe wenig Bedürfnis danach. Für mich wäre es viel spannender, dir als Menschen zu begegnen, weil ich glaube, dass du ein Mensch warst wie ich – mit Fähigkeiten und Fehlern. Ich meine an deinem Leben ablesen zu können, dass es dir auch um den praktischen Glauben ging und nicht um ein Dogma, das von den Kirchen so betont wird.

Ich spreche gerade von den Kirchen in der Mehrzahl. Es hat einen großen Bruch gegeben kurz nach deinem Tod. Es gab eine Erneuerungsbewegung in der Kirche, die aber zu einer Spaltung führte. So gibt es nun eine katholische und eine protestantische Kirche. Bis heute, 500 Jahre später, ist es oft noch nicht möglich, das Abendmahl miteinander zu feiern, auch wenn das Gottesbild nicht so anders ist. So verirrt haben wir uns.

Ich weiß um deine Visionen, ich habe ihre Beschreibungen gelesen. Auch ich bemühe mich um eine visionäre Art, die Welt zu sehen. Ich will nicht durch die Wirklichkeit begrenzt sein. Es gibt Gedichte von mir, die haben etwas von diesem Visionären. Es ist anders als das, was ich von dir kenne, aber ich glaube, dass es uns um Ähnliches geht. Es gibt hinter der fassbaren Wirklichkeit noch eine andere Wirklichkeit – vielleicht ist sie sogar die wirklichere, die substanziellere. Die versuche ich zu erfassen, ohne sie dabei festzuhalten. Oder ging es dir um etwas anderes?

Darf ich dir noch ein paar fast intime Fragen stellen? Ich tue es einfach, du wirst schon wissen, in welchem Geist sie gemeint sind. Hat deine Frau dich wirklich ganz frei ziehen lassen, oder habt ihr darüber gestritten? Immerhin war euer jüngstes Kind noch nicht ein Jahr alt. Ich weiß, dass dein Ältester für die Familie gesorgt hat und es auch konnte, weil er schon 20 war. Aber haben die Kinder nicht trotzdem den Vater vermisst? Hattest du manchmal Schuldgefühle deswegen, oder bist du ab und zu nach Hause gegangen und hast dort nach dem Rechten gesehen? War dein Gott ein fordernder Gott, dem du zu Willen sein musstest, und bist du darum gegangen? Es heißt, dass du die letzten 19 Jahre deines Lebens nichts mehr gegessen hast. Das kommt einem Wunder gleich. Ich würde es gern von dir erklärt haben. Galten dort die äußeren, physikalischen Regeln, nach denen unser Körper Nahrung braucht, um zu leben, einfach nicht? Uns interessiert es, mich interessiert es, weil es eine Art »Beweis« wäre, dass es eben doch viel mehr gibt, als wir vor Augen haben. Ich weiß von dieser anderen, mysteriösen Welt und finde es wunderbar, wenn sie in unsere Welt einbricht. So verstehe ich dein langes Fasten.

Zum Schluss schicke ich dir noch ein Gedicht mit. Es hat eine freie Form, die du aus deiner Zeit weniger kennst, aber heute nennen wir es ein Gedicht. Ich bin ein Dichter. Das heißt, ich nähere mich den wichtigen Dingen meines Lebens und der Welt auch über die Sprache. Ich suche nach den Worten, die das ausdrücken, was mir wichtig ist und was ich versuche zu verstehen. Ich finde es schade, dass du nichts Schriftliches hinterlassen hast. Ich würde es gerne lesen.

Vielleicht wird es ja mal eine Möglichkeit zum Gespräch geben. In dieser Hinsicht weißt du viel mehr darüber, wie es weitergeht, weil du diese Welt schon verlassen hast. Ich bin gespannt.

Aufbrechen

Es kommt der Tag,
da wird es wichtig sein,
dass du mitten beim Essen,
zu dem du deine Freunde eingeladen hast,
dein Besteck hinlegst,
aufstehst und davongehst.

Hinaus aus ihren halbfertigen Worten,
weg von den Wänden
mit den vertrauten Bildern,
fort von den Betten,
auf denen du deine Leidenschaft geübt hast,
weg von den Büchern,
deren Gefühle du auswendig kennst.

Wenn du mutig bist,
drehst du dich nicht um.
Wenn du mutig bist,
drehst du dich um.
Du weißt schon.

Wichtig ist,
dass du dich nicht zurückhalten lässt,
wenn sie wie immer sagen:
Bleib, bleib, bleib doch.
Genau in dem Moment des Zögerns
entscheidet sich alles.

Schon in dem ersten Schritt
weg vom Tisch
findest du Gedanken,
deren Ende du nicht absiehst.
Du hörst dich sprechen wie der Wind,
deine Haut wird straff und löst sich,
bunter wächst eine neue nach.
Von Erschütterung zu Erschütterung
entsteht eine andere Welt,
und du tastest dich durch sie hindurch.

Es kann sein,
dass du zum Nachtisch
schon wieder zurück bist,
eine andere, ein anderer
und nur noch erkennbar
für einige,
vielleicht für niemanden mehr.

Blick in die Klause

Auf den Punkt bringen

Angela Römer-Gerner

»Die Liebe nimmt immer die Mitte ein.«
Erika Burkhart

Lieber Bruder Klaus!

Ich schreibe dir, ohne zu wissen, ob meine Gedanken dich je erreichen. Ich mache es einfach so, wie die unzähligen Menschen vor mir, die dir auf Votivtafeln für deine Hilfe danken. Es gibt offenbar eine Art, erhört zu werden, die mir nicht vertraut ist. Ich versuche trotzdem, mich an dich zu wenden – vielleicht auch nur, um im Gespräch mit dir und deinem Weg klarer zu sehen, wonach sich mein Weg ausrichten kann.

Ganz fern und ganz nah

Ich gestehe es: Du warst mir sehr fern, bist es in vielem immer noch, eine rätselvolle und mir befremdliche Gestalt. In den letzten Jahren bist du mir nun etwas näher gekommen. Das hängt vor allem mit dem Ort zusammen, an dem du gelebt hast: Flüeli-Ranft. Mein Ausgangspunkt ist das VIA-CORDIS-Haus St. Dorothea, in dem ich das Herzensgebet lerne und von wo aus ich immer wieder mit anderen Menschen zusammen hinuntergehe in die Ranftschlucht zu deiner Kapelle: meist morgens oder abends, aber auch Mitternacht beim Übergang zum neuen Jahr.

Gestern bin ich wieder hinuntergestiegen, diesmal alleine. Es ist Ende Oktober. Die Herbstzeitlosen sind verblüht, doch noch tragen einige Bäume orange-goldenes Laub, noch sind die Nebel zart, sie umhüllen mit Silberglanz die mir vertraut gewordene Landschaft. Ganz langsam gehe ich dem stärker werdenden Rauschen der Melchaa entgegen. »7 Minuten«, hieß es oben auf einer Tafel. Heute ist der Weg asphaltiert. Damals wird deine Familie auf dem oft aufgeweichten Untergrund länger gebraucht haben. Trotzdem, so kurz hatte ich mir früher die räumliche Distanz nicht vorgestellt, die Dorothea und eure Kinder von dir trennte. So nahe beieinander sind also diese zwei Welten!

Auf dem Weg zu dir

In der oberen Kapelle warnt mich ein Schild: »Heilige Messe – nicht stören«. So gehe ich zuerst in die zwei engen Stuben deiner ehemaligen Klause und schaue durch das innere Fenster auf den Altar, wie du es täglich zur seelischen Stärkung getan hast. Der Priester nimmt gerade die Hostie, und ich höre: »Erhebet die Herzen!« Genau so ist es! Das habe ich an diesem Ort oft erlebt, dass mein Herz erhoben wurde, gestärkt und ermutigt. Da bist du mir nahe.

Ich will die Feier nicht stören und steige hinunter zur geräumigen unteren Kapelle. Ist sie mir zu groß? Fehlt mir die Atmosphäre der kleinen oberen Kapelle mit der Klause? Ich gehe nach vorne und stelle mich vor die Statue, die dich mit dem erschreckten Gesicht und den weit aufgerissenen Augen zeigt. Sie zieht mich an, sie hält mich auf Abstand. Mich entsetzt, wie du dort dargestellt bist! Was schaust du? Ist dir Gott so begegnet? Auch deine Zeitgenossen sind vor deinem Anblick zurückgeschreckt. Du habest einen großen Lichtglanz mit menschlichem Angesicht geschaut. Welche Erfahrungen hast du gemacht, denen ich nicht gewachsen bin? Oder könnte es anders gewesen sein? Du siehst nicht nur Gott, sondern zugleich die Menschen in ihrem Elend, in ihrer unermesslichen Gier und ihrem tiefen Hass. Du bist entsetzt über all die Gewalt und den Krieg – fast so, als würdest du heute im Fernsehen die schrecklichen Bilder sehen von Menschen, die auf ihrer Flucht vor den Gräueln des Krieges übers Meer fliehen und dort elend ertrinken oder nach jahrelanger Flucht vor den verschlossenen Grenzen und Herzen Europas warten. Gottesschau und Weltschau nahe beieinander?

Auch ein Christophorus

Zum Glück entdecke ich gleich daneben auf der Seitenwand ein altes Fresko von Christophorus, dem Christusträger. Bist du nicht auch so ein Christophorus, der Christus im Herzen trägt? Schon immer wolltest du den Sohn Gottes tragen und gebären – wie Maria ihren Sohn. Das erinnert mich schmerzlich an das Wort des Paulus: »Es lebt nicht mehr ich, es lebt Christus in mir.« (Gal 2,20) Meine erste Arbeit an der Uni musste ich über diesen Vers schreiben. Nur so wurde ich damals in das Seminar des großen Tübinger Theologen Ernst Käsemann aufgenommen. Das habe ich geschafft – aber verstanden? Nichts, aber auch gar nichts habe ich damals verstanden. Erst allmählich dämmert mir die Bedeutung dieses mystischen Wortes. Ganz verstehe ich es immer noch nicht. Vorerst übersetze ich dieses »Christus in mir« für mich persönlich so: Die Botschaft seiner Bergpredigt, »Selig sind die Armen«, wünsche ich mir als mein Herzensanliegen. Mit dem Augenmerk auf die Armen dieser Welt und auf meine eigene Armut bin ich vermutlich wieder nahe bei dir, lieber Bruder Klaus.

Das Schattenbild

Fragend und immer noch verunsichert steige ich wieder hinauf zur oberen Kapelle. Ja, so was! Dort ist ja auch der Christophorus gleich neben dem Eingang – ich entdecke ihn heute zum ersten Mal! Mir scheint, er wolle mich begleiten mit der Frage: Wie trage ich Christus? Diesmal bin ich allein in der Kapelle, die mir in den vielen Jahren so vertraut geworden ist. Es ist wie ein Heimkommen. Stille erwartet mich. Ich bleibe stehen und betrachte die drei Figuren hinter dem Altar. In der Mitte der gekreuzigte Christus. Die Versenkung in sein Leiden hat dir zeitweise dein eigenes Leid erträglicher gemacht. Daneben Maria mit dem Kind. Du hast sie und die mütterliche Seite Gottes sehr geliebt. Auf deinem Siegel sind beide abgebildet – das gefällt mir sehr. Als Dritter im Bunde stehst du dort, deine betenden Hände dem Gekreuzigten zugewandt; zum Glück nicht ganz so streng wie die Figur in der unteren Kapelle. Mich bewegt mit einem Mal der Schatten, den die Kerzen von der Statue auf die Wand werfen. Ein sprechendes Bild. Nur deine Schatten sind mir zugänglich. Die Farben muss ich selbst hinzufügen: mein Bild von dir, das wohl eher ein Bild von mir werden wird. Ich singe dein Lied: »O du, mein Gott, nimm alles von mir, was mich hindert zu dir …« Singen geht mir besser über die Lippen als Beten.

Immer nur Opfer?

Draußen zünde ich eine Kerze an für die Menschen, die mir so sehr lieb sind und von denen ich nicht fortgehen möchte. In dem kleinen Laden kaufe ich ein weiteres Buch über dich, das ich noch nicht kenne. Vertraue ich mir und meinem Blick auf dich zu wenig? Will ich mich absichern mit Büchern und Wissen?

Auf dem Rückweg kann ich die vielen frommen Sprüche am Wegrand nicht ausblenden. »Im Opfer liegt das Leben. Christen sind so lange lebendig, als sie im Opfer stehen.« Warst du so? Opfer, Opfer, Opfer! Ist das alles? Ist das eine Seite von dir? Die vielen Worte vom Opfer als Inbegriff des Christseins wecken in mir Beklemmung. Ich suche die andere Seite, die Fülle, aus der heraus Demut und Hingabe glaubwürdig werden. Ich suche deinen aufrechten Gang, der Niederknien erst möglich macht. Alle mir bekannten Figuren von dir zeigen dich in aufrechter Haltung.

Oben angekommen, befinde ich mich vor dem Haus deiner Familie, das heute als Museum geführt wird. Daneben weiden Kühe – ohne Hörner. Ihnen ist ihre Schönheit, ihre Würde genommen. Und das alles um des Geldes willen, dieses unseligen »Pfennigs« wegen. Ich bin sicher, auch du wärest traurig, vielleicht auch wütend wie ich.

Ich bemerke noch den Wegweiser zur Kapelle auf die Alp Chlisterli: Ort deiner größten Verzweiflung. Am Ende hattest du dort die Vision von den vier Lichtern, die dir den Weg deiner Heilung in den Ranft gezeigt hat. Dort oben sehe ich dich allen tief verzweifelten Menschen nahe. Doch der Weg von zehn Kilometern ist mir zu weit. Ich kehre zurück, um im VIA-CORDIS-Haus die Gastfreundschaft und Nahrung für Leib und Seele zu genießen.

Bist du katholisch?

Heute ist Reformationstag. Bist du katholisch, lieber Bruder Klaus? Der Wallfahrtsbetrieb, die vielen Busse mit Pilgernden aus aller Welt, der Kiosk mit den Souvenirs erwecken den Anschein. Aber der Schein trügt. Du lebtest ein Jahrhundert vor der Reformation. Reformatoren wie Zwingli und sein Nachfolger Bullinger haben dich verehrt. Zwingli hat sich immer wieder auf dich berufen. Deiner Mahnung vor Eigennutz hat er sich vorbehaltlos angeschlossen. Die Obrigkeiten der reformierten Kantone Bern und Basel sind später in den Ranft gepilgert, um deine Nähe zu suchen. Erst als die katholische Kirche dich 1947 heiligsprach, wurdest du »römisch-katholisch«. Damals gab es einen Aufschrei unter den

Protestanten, prominent auch von Karl Barth. Du selbst bist so klar, so nüchtern und unerbittlich ehrlich in deinen Handlungen, das spricht die Protestantin in mir an. Du bist und du bleibst eine Herausforderung für alle Christen, gleich welcher Konfession!

Das Meditationsrad – protestantische Kargheit

Immer wieder betrachte auch ich dein »Buch«, aus dem du täglich gelernt hast: dieses ursprünglich schmucklose Radbild mit den sechs Speichen, deren drei von dem Punkt in der Mitte nach außen gehen und drei wieder zur Mitte zurückkehren. Bildlos, wortlos, reine Abstraktion – und gerade deshalb inspirierend für eine Fülle eigener Bilder und Visionen. Für dich hat es das Geheimnis des dreieinigen Gottes sozusagen auf den Punkt gebracht: Du hast die Einheit in Gott gesucht, du hast sie in dir gefunden.

Mir zeigt dein Rad das Geheimnis des Lebens überhaupt, auch meines Lebens: Diese pulsierende Bewegung von der Herzmitte hinaus in die Welt und immer wieder zurück zur eigenen Mitte. Was bedeutet das für mich? Oft falle ich aus dem guten Rhythmus von Ausatmen und Einatmen heraus und werde kurzatmig. Zu viel von meiner Energie geht nach außen in die Aktivität, ja Hektik. Wie kann ich den Weg zurück zur Herzmitte finden, wie zum »Christus in mir« zurückkehren? Das Einssein mit mir heißt, dort zu sein, wo ich gerade bin; nicht nur mit meinem Körper, auch mit meinen Gedanken und mit meiner Seele ganz gegenwärtig zu sein. So übe ich, mich selbst immer wieder auf den Punkt zu bringen.

Aber dieses Auf-den-Punkt-Bringen gilt ebenso im politischen und gesellschaftlichen Kontext: In unserer westlichen Welt leben wir in einem Rausch von stetigem materiellen Wachstum und verschwenderischem Konsum. Was aber gleichzeitig genauso rasant wächst, sind Armut und Ungerechtigkeit. Mit unserer verschwenderischen Lebensweise rauben wir der anderen Hälfte der Menschheit und unseren Nachkommen ihre Lebensgrundlage, zerstören wir die Natur und letztlich auch unser aller Leben auf dieser Erde. Wenn wir uns bewusst machen, dass wir als Glieder einer räuberischen Wachstumsgesellschaft seit Generationen auf Kosten anderer leben– was heißt das für uns als Bürgerinnen und Christen? In deiner Radikalität liegt vielleicht ein Ansatz auch für heutige Lösungen.

Radikalität und Versöhnung

Vielleicht hilft uns gerade das weiter, was mich am meisten an dir irritiert: dein radikaler Rückzug in die Einsamkeit und dein totales Fasten. Sicher war das auch ein Protest gegen das korrupte und ausschweifende Leben deiner Zeitgenossen. Ich nehme es als Anstoß, mich zu fragen, ob Rückzug und Enthaltsamkeit uns auch heute weiterbringen könnten. Du hast dich von allen deinen Verpflichtungen als Familienvater, Bauer und Politiker verabschiedet. Für mich nur schwer nachvollziehbar. Und doch: Für Einzelne, aber auch für Verantwortungsträger in Gesellschaft und Kirchen sind Rückzugsorte und Rückzugszeiten unabdingbar, um aus der zeitlichen und räumlichen Distanz von den Alltagsgeschäften einen neuen Blickwinkel auf die Probleme der Gegenwart zu gewinnen. Vielleicht wächst aus Stille und Einfachheit die Erkenntnis von dem, was wir heute dringend benötigen: Mut, Nein zu sagen zu unserem Wahnsinnstempo und dem Sog, immer mehr, immer schneller, immer billiger leben zu müssen. Zum Umdenken ermutigt zum Beispiel eine Bewegung, die sich »Décroissance« nennt und die sich dafür einsetzt, uns vom Wachstumsdiktat der Wirtschaft zu befreien. Es wächst die Einsicht, dass freiwilliger Verzicht auf überflüssigen Reichtum einen Zuwachs an Lebensqualität bedeutet.

Und das Fasten? Ich selbst faste nicht, wohl aber übe ich mich im Maßhalten. Ich achte darauf, was ich esse und wo ich einkaufe. Für mich gleicht dies einer spirituellen Übung. Lokale Produkte kaufen, vielleicht biologisches Gemüse bevorzugen, weniger oder kein Fleisch essen – das ist nicht nur etwas für Spinner. Es geht dabei auch um die eigene Gesundheit. Aber unser tägliches Tun oder Lassen gerade bei Fragen, was wir essen, hat auch weltweite Konsequenzen für die Böden, das Klima und unsere Nachkommen. Es hat vor allem Auswirkung auf das Überleben der Menschen, denen wir so viel genommen haben.

Sehe ich als Protestantin zu viel Protest in deinem Rückzug? Ist deine radikale Lebensweise von mir in zu kleine Portionen aufgeteilt? Habe ich zu sehr vereinfacht, um es für mich auf den Punkt zu bringen?

Schade, dass du nicht antworten kannst!

Noch dies zum Schluss: Neben der Radikalität gehört zu dir ganz stark der Geist der Versöhnung. Als Friedensheiliger wirst du weit über die Schweiz hinaus verehrt. Dein Ausgangspunkt ist stets Gott, der Friede ist und Frieden schenkt. Diesem Friedensauftrag bist du nachgekommen bis ins konkret Politische hinein. Dein Rat zur Versöhnung der Kriegsparteien in der Tagsatzung von Stans hat weiteres Morden vorerst verhindert. Mit deinem Namen verbinden wir seitdem den Geist des Friedens, welcher Ausgleich und Vermittlung sucht statt Waffengewalt.

Der Punkt in der Mitte

Zum Glück ist der Punkt in deinem Radbild keine mathematische Größe. Er steht für das göttliche Geheimnis. Um es mit der Dichterin Erika Burkhart zu sagen: »Die Liebe nimmt immer die Mitte ein.« Von dieser Mitte geht alles Leben aus, zu ihr kehrt alles zurück. Als dein Radbild von einem Zeitgenossen einfühlend und kunstvoll ausgestaltet wurde, kam in die Mitte das Gesicht Christi als Abbild Gottes, Inbegriff göttlicher und menschlicher Liebe. War das dein Geheimnis, dass du Gott als die große, allumfassende Liebe gefunden hast und darum auf all das, was mir wichtig ist, verzichten konntest? Ich suche nach der Mitte, nach der Liebe. Und ich freue mich an der Liebe, die mir täglich im menschlichen Angesicht entgegenkommt.

Danke, lieber Bruder Klaus!

Entschieden Ostern feiern

Maria Sassin

Ringen um eine Entscheidung
hart kämpfen um einen Weg
mich krümmen und winden
Qualen leiden in Unsicherheit
schreien vor Ungewissheit
was soll ich nur tun?

Immer wieder verworfene Ideen
todesähnlich starres Verharren
stagnieren vor der Entscheidung
Karfreitag der durchkreuzten Gedanken.

Plötzlich den Weg wissen
eine Entscheidung fällen
entschlossen losgehen
getragen auf schweren Wegen
aus dem Zweifel auferstehen
und die Osterlebendigkeit
des gefassten Entschlusses
als tiefen Frieden
ins Herz ziehen spüren.

Entschieden Alltagsostern feiern.

Heiliger des Dialogs – auch wenn er schwerfällt

Johannes Schleicher

Ob durch seinen Namen, seine Visionen, seine Legenden, das berühmte Radbild oder durch was auch immer: Niklaus von Flüe – liebevoll Bruder Klaus genannt – ist unzähligen Menschen auf verschiedene Weise in Erinnerung geblieben. Für mich ist er, zusammen mit seiner bewundernswerten Frau Dorothea, der »Heilige des Dialogs – auch wenn dieses Zwiegespräch schwerfällt.

Wie oft war ich schon in der Unteren Ranftkapelle und habe die beiden Freskozyklen in Al-secco-Technik mit den Bildern aus dem Leben von Bruder Klaus (rechts) und dem Leben Jesu (links) betrachtet und meditiert. Meiner Meinung nach sind die Motive aufeinander bezogen und erzählen aus der Sicht eines Künstlers des 16. Jahrhunderts die Verbindung des Lebens von Bruder Klaus mit dem Leben Jesu.

Besonders fasziniert bin ich, dass an der Wand gegenüber des neunten Bildes (dort ergibt sich Bruder Klaus dem Willen Gottes, legt seine Arbeitsgeräte weg und fasst den Entschluss, sein Zuhause beziehungsweise sein bisheriges Leben zu verlassen) die Darstellung des Karfreitags sichtbar ist. Das Schlachtfeld, die Politik und der Acker waren auf Dauer kein Ort für seine Überlegungen, sein Leben!

Ich kann mir gut vorstellen, dass es Niklaus sehr schwergefallen ist, sich zu seinen tiefsten Wünschen zu bekennen, zu dem, was er wirklich wollte (zu seiner »Berufung«). Freilich, schon früh in seinem Leben ekelten ihn die Verschwendungssucht, die Oberflächlichkeit und die rein materielle Ausrichtung seiner Zeitgenossen an, oft zog er sich an seinen Ort der Einsamkeit, den Ranft, zurück. Sein Herz war wohl so beschaffen, dass es nicht die Mehrzahl suchte, sondern die Einzahl, um darin zu ruhen. Und ich vermute, vielen heutigen Menschen geht es genauso.

Berufung

Auszug

Karfreitag

Ostern

Er war stark genug, diesen Entschluss zu fassen: Ich muss um meiner selbst und um meiner Familie willen mein Leben radikal ändern, muss nach innen, in die Fremde gehen, nicht mehr an der Oberfläche bleiben, sondern ins Ranft, an den Rand der Gesellschaft, in die Schlucht, in meine Tiefe gehen, um weiterzuwachsen. So weit, so gut – oder auch nicht! Ich wollte nicht in der Haut des Ranftheiligen stecken: Zuerst solch eine Entscheidung treffen und – wohl noch schwieriger – sie dann der Familie (immerhin mit zehn Kindern!) kommunizieren, damit das Auseinandergehen in beiderseitigem Einvernehmen und in einer guten Stimmung vonstatten ehen und doch ein Zusammenbleiben sein kann, allerdings räumlich und psychisch in einer anderen Art und Weise als zuvor. Finanziell war alles geregelt, die Sippe der von Flüe gehörte damals sicher zu den Begüterten in Obwalden, da war für alles gesorgt.

Bleibt also die »seelische Trennung« als offenes und ehrliches Problem, das wohl von allen Beteiligten so gesehen wurde. Und das war die Grundvoraussetzung: Das Problem wird auf den Tisch gelegt. Es gibt kein »Sprechtabu«, Klaus hat kein Besuchsverbot bei seiner Familie. Es wird geredet und gerungen miteinander! Ich vermute, es wird mehr über seine Idee geredet, den positiven Sinn seines Weggehens, ohne Schuldzuweisungen, getreu dem Satz von Sokrates: »Ein starker Geist diskutiert Ideen, ein schwacher Geist diskutiert Leute.« Es wird wohl nicht über den Sündenbock Niklaus gelästert, sondern alle versuchen, einander zu verstehen, einander beizustehen. Wobei etwas zu verstehen nicht immer gleichbedeutend ist mit etwas gut zu finden. Diese Art des Dialogs erzählt (ohne Worte!) auch sehr viel über die Herzensstärke seiner Frau Dorothea, die sich nicht nur auf diese lang dauernden Gespräche einlässt, sondern sie aktiv mitgestaltet, bestimmt auch ihre Bedenken und ihre Vorstellung von Familie vorbringt.

So langsam beginne ich zu begreifen, warum diese Szene aus dem Leben des Bruder Klaus dem Karfreitag des Lebens Jesu gegenübergestellt ist: Offener und ehrlicher Dialog ohne Tabus, unvoreingenommen, ist schwierig, erfordert Stärke und großen Respekt aller Beteiligten vorein-

Untere Ranftkapelle

ander. Er kann sehr wehtun, kann scheitern, ist nicht selbstverständlich, macht oft einsam und allein (unter dem Kreuz Jesus stehen nur noch Maria und der Jünger, den Jesus liebte, alle anderen haben sich aus dem Staub gemacht). Wie oft mögen Klaus und Dorothea sehr verständlich geschrien haben: »Mein Gott, warum hast du uns verlassen?« Aber: Ohne Karfreitag kein Ostern, ohne offene, ehrliche Kommunikation kein menschliches Miteinander, im selben Haus oder auch über viele Kilometer hinweg. Das unersetzliche Miteinander-Reden von Mensch zu Mensch, von Herz zu Herz ist oft ein Kreuz-Weg, im 15. Jahrhundert und heute im 21. Jahrhundert weiß Gott nicht weniger! Das gilt beileibe nicht nur für Familien, das gilt für Freunde, für Kollegen, Gemeinschaften, für die Politik – ja, für menschliches Leben überhaupt.

Ich behaupte, wenn es Ostern werden soll, wenn Leben gelingen soll, dann braucht es das Gespräch, den Dialog ohne ängstliche Voreingenommenheit. Und genau das zeigt die nächste Bilderkombination: Bruder Klaus belädt den Esel und geht auf seine Reise – im Einvernehmen mit seiner Familie verwirklicht er seinen Traum in Übereinstimmung mit seinen Lieben, die ihn loslassen, gehen lassen aus der Überzeugung ihres Herzens, weil sie verstanden haben, dass er gehen muss, um weiterzuleben, damit er wieder aufstehen kann, aufrecht leben, damit Auferstehung wird für Niklaus und seine Familie. Deshalb hat das Bild auf der linken Seite das Thema Ostern! Und deshalb ist für mich Niklaus von Flüe der »Heilige des Friedens im Dialog«, trotz – nein, wegen vieler Enttäuschungen, die ich selbst schon in diesem Bereich erlebt habe.

Autorenverzeichnis

Maria Ackermann ist in Mümliswil, Kanton Solothurn, geboren. Sie wuchs mit drei Geschwistern auf. Ihre Mutter war Hausfrau und Tagesmutter für Immigrantenkinder, der Vater Wegmacher. Nach der Ausbildung zur Pflegefachfrau an der Baldeggerschule in Sursee und Olten lebte sie zunächst in Zürich, anschließend im Kanton Glarus und seit 2007 in Adliswil bei Zürich, wo sie in einer Pflegewohngruppe mit an Demenz erkrankten Menschen arbeitet.

Andreas Bernsen, Craniosacral-Therapeut, Heilpraktiker für Psychotherapie, langjähriger Schüler und Begleiter von Mike Boxhall. *www.ab-stille.de*

Andreas Ebert, geboren 1952, ist reformierter Pfarrer und landeskirchlicher Beauftragter für Geistliche Übung. Er leitet das Spirituelle Zentrum St. Martin in München und ist gefragter Meditations- und Enneagramm-Lehrer.

Peter Eicher, geboren 1943, war von 1977 bis 2008 Professor für Katholische Theologie an der Universität Paderborn. Er ist mit Lisette Eicher verheiratet, die das Hilfswerk für HIV-Positive und an AIDS Sterbende, »Stern der Hoffnung – Aidshilfe International«, mit Schwerpunkt in Brasilien gegründet hat.

Werner Hafner, Molekularbiologe und Theologe, lebt in Sachseln im Kanton Obwalden in der Schweiz.

Tanja Hoeg ist staatlich geprüfte Wirtschaftsassistentin und arbeitete einige Jahre im Migrationsbereich des Landratsamtes Schwarzwald-Baar-Kreis. Seit 2004 lebt sie in Keitum auf Sylt, dort ist sie als Kirchenführerin in der St.-Severin-Kirche tätig. Außerdem fotografiert sie gerne in der Natur.
www.tanjahoeg.de

Peter Hüseyin Cunz, geboren 1949 in St. Gallen, beschäftigte sich intensiv mit der islamischen Mystik und trat dem Mevlevi-Orden bei, der sich im Wirken des islamischen Heiligen Mevlana Celaleddin Rumi begründet. 1999 wurde ihm die Lehrerlaubnis im Range eines Scheichs gegeben. Seither leitet er Ordensgruppen in der Schweiz, den Niederlanden und in Mexiko.

Franz-Xaver Jans-Scheidegger ist Diplom-Theologe und -Psychologe in Analytischer Psychologie und langjähriger spiritueller Leiter des VIA CORDIS-Hauses St. Dorothea. Er gibt Kontemplationskurse im gesamten deutschsprachigen Raum.

Marion Küstenmacher ist evangelische Theologin, Germanistin und Autorin von über 30 Büchern zu Lebenshilfe, Bewusstseinswandel, integraler Spiritualität und Mystik. 2010 wurde sie mit dem Argula-von-Grumbach-Preis für eine Arbeit über die Sophia-Weisheit ausgezeichnet.

Wunibald Müller, Dr. theol, Dr. h.c., studierte Katholische Theologie und Psychologie in Freiburg im Breisgau, Würzburg und Jerusalem. Er arbeitet als Psychotherapeut und war von 1991 bis 2016 Leiter des Recollectio-Hauses in Münsterschwarzach.

Lukas Niederberger ist Geschäftsleiter der Schweizerischen Gemeinnützigen Gesellschaft (SGG). Der Theologe war Jesuit und von 1995 bis 2008 in der Leitung des Bildungszentrums Lassalle-Haus bei Zug tätig. Als Buchautor, Kursleiter und Referent thematisiert er Fragen im Bereich Gesellschaft, Ethik und Religion. Daneben wirkt er als Berater, Ritualbegleiter und Vorstandsmitglied von sozialen Institutionen.
www.lukasniederberger.ch

Sebastian Painadath, geboren 1942 in Kerala, Indien, ist Jesuitenpater, Autor zahlreicher spiritueller Bücher, Referent zu spirituellen Themen und Leiter des christlichen Ashrams Sameeksha in Kalady, Indien.

Angela Römer-Gerner ist im Norden Deutschlands aufgewachsen. Nach Stationen als Pfarrerin in Sursee/Luzern, Bümpliz/Bern, Seelsorgerin an der Psychiatrischen Klinik in St. Urban sowie Studienleiterin im Bildungszentrum Gwatt am Thunersee leitete sie von 1998 bis 2006 die Fachstelle Spiritualität der Reformierten Kirchen Bern-Jura-Solothurn. Heute ist sie freiberuflich als Autorin und Referentin tätig.

Anton Rotzetter, Dr. theol., studierte Theologie in Solothurn, Freiburg, Bonn und Tübingen. Er war ein weithin bekannter Fachmann für franziskanisch und biblisch geprägte Spiritualität sowie der Gründer des Instituts für Spiritualität in Münster und Mitbegründer des Instituts für theologische Zoologie. Der Verfasser vieler Bücher lebte bis zu seinem plötzlichen Tod am 1.3.2016, während der Entstehung dieses Buches, im Kapuzinerkloster Freiburg/Schweiz.
www.aktion-kirche-und-tiere.ch

Maria Sassin, geboren 1963, ist dreifache Mutter und gefragte Referentin. Sie ist als spirituelle Autorin im deutschsprachigen Raum fest verwurzelt und veröffentlichte zahlreiche Texte in verschiedenen Publikationen.

Ulrich Schaffer ist ein weltweit bekannter Dichter und Fotograf und Autor vieler Foto-Bildbände, unter aanderem zu Spiritualität und Beziehung. Ulrich Schaffer wurde 1942 in Deutschland geboren, lebt heute in Kanada, direkt am Meer.
www.ulrich-schaffer.com

Johannes Schleicher, geboren 1955, Diplom-Theologe, ist Fachbereichsleiter SPIRIT der Fachstelle katholisch bl.bs in Basel. Er war von 2009 bis April 2016 Leiter Bildung und Marketing im ehemaligen VIA CORDIS-Haus St. Dorothea in Flüeli-Ranft.

David Steindl-Rast, Benediktinermönch, geb. 1926 in Wien, Dr. phil., weltweit inspirierend im Dialog zwischen westlicher und östlicher Spiritualität, geistlicher Mentor des weltweit bekannten Netzwerks »gratefulness«.

Pierre Stutz ist Theologe, spiritueller Autor und Begleiter. Rege Kurs- und Vortragstätigkeit im ganzen deutschsprachigen Raum. In seinem Buch »Geborgen und frei. Mystik als Lebensstil« (München, 5. Auflage 2012) lässt er sich von 30 Mystikerinnen und 30 Mystikern für eine engagierte Alltagsspiritualität inspirieren. Er lebt in Lausanne.
www.pierrestutz.ch

Dorothee van de Poll, Craniosacral-Therapeutin OdaKTTC, Naturärztin NVS, langjährige Erfahrung als dipl. Craniosacral-Therapeutin; aktive Mitgestaltung in Berufspolitik und Cranio Suisse, Branchendiplom Komplementär-Therapeutin OdaKTTC.

Blick aus einem Fenster der Klause

JOHANNES SCHLEICHER
TANJA HOEG (HG.)

Mystik im Aufwind

Begegnung zwischen jüdischer und christlicher Mystik

Festschrift für Franz Xaver Jans-Scheidegger anlässlich seines 70. Geburtstags

Vier-Türme-Verlag

Vom selben Herausgeberteam

Johannes Schleicher, Tanja Hoeg (Hrsg.)

Mystik im Aufwind -
Begegnungen zwischen jüdischer und christlicher Mystik

136 Seiten, broschiert, 21 x 29,8 cm
ISBN 978-3-89680-864-6

Mystik als tragender Grund unserer Spiritualität

Zum 70. Geburtstag von Franz-Xaver Jans-Scheidegger, dem großen Pionier der Kontemplation im 20. und 21 Jahrhundert, laden namhafte Autorinnen und Autoren dazu ein, den Weg der Kontemplation nach Scheidegger zu entdecken.

Dabei gehen sie unter anderem auf die Spiritualität des nahen Ostens, des frühen Christentums und des Judentums ein. Mit Beiträgen unter anderem von Fidelis Ruppert, Markus Ries, Alois Stimpfle und Bettina Sharada Bäumer.